Manfred Göbel

Größer als Furcht ist die Liebe

Manfred Göbel

Größer als Furcht ist die Liebe

Mein Einsatz gegen Lepra

Herausgegeben von
Rolf Bauerdick

HERDER

FREIBURG · BASEL · WIEN

Gedruckt auf umweltfreundlichem, chlorfrei gebleichtem Papier

Originalausgabe

www.herder.de
Satz: Barbara Herrmann, Freiburg
Druck und Bindung: fgb · freiburger graphische betriebe 2007
www.fgb.de
ISBN 978-3-451-29369-6

Inhalt

Abflug ins Ungewisse

Furcht vor ein paar Pullovern

Samstagabend, 1. Juni 1979. Mein Gott, wo war ich gelandet! Es war stockdunkel, bitterkalt und ich stand da in meinem dünnen Hemd und fror erbärmlich. Zitternd wartete ich auf den Beginn einer Lichterprozession zu Ehren irgendeines Heiligen. Die Messe in der Kapelle nebenan neigte sich dem Ende zu, gleich würde sich der Prozessionszug formieren. Dann tauchten sie auf: Vermummte Gestalten zogen durch die Nacht, zerlumpt, manche ohne Finger, manche mit Klumpfüßen, manche mit zerfressenen Nasen. Verstümmelte Krallenhände umklammerten brennende Kerzen. Ich fühlte mich wie ein Statist in einem Horrorfilm. Dann sangen sie. Über hundert Lepröse stimmten ein in Marienlieder, fielen wieder ins Schweigen und gingen langsam an mir vorbei. Stumm. Ich war zutiefst beeindruckt. Und verstört. Ein Wahnsinn! Ich hier mitten im Busch mit all diesen Schattenmenschen! Mir war klar, diesen radikalen Wechsel von Deutschland in einen der verlorensten Flecken der Erde würde ich nicht überstehen. So hatte ich mir Brasilien nicht vorgestellt. Meine Reise war ein Irrtum. Ein großer Fehler. Was sollte ich hier, im Bundesstaat Mato Grosso do Sul, irgendwo am Rande der Stadt Campo Grande, in einem Leprosarium namens Sao Juliao? Ich stand nur da, schlotternd und verloren im kalten Wind, als mich die Leitung der Lepraanstalt den Kranken als neuen Mitarbeiter vorstellte. Doch die unheimlichen Bewohner von Sao Juliao hatten den Neuen längst bemerkt.

Unerwartet traten zwei Männer auf mich zu. Sie wollten mir ein Geschenk übergeben. Nicht einen, gleich sechs Pullover reichten sie mir. Sie hatten nicht mitansehen können, wie sehr der Deutsche fror und hatten aus Mitleid warme Kleidung für mich gesammelt. Ihre Geste berührte mich tief, dennoch war ich erschrocken. „Die Lepra erwischt dich gleich am ersten Tag", durchzuckte es mich. „Du steckst dich an, wenn du die Sachen anziehst." Doch als ich in die freundlichen und gütigen Gesichter der beiden Kranken blickte, bestand kein Zweifel mehr: Ich darf diese Menschen nicht enttäuschen. Die Pullover hatten schon ein paar Löcher, und sie stanken nach Rauch, aber das machte mir nichts aus. Ich streifte gleich zwei der Pullover über, und zwei Gesichter strahlten vor Freude. Man rechnete es mir hoch an, dass ich keine Angst vor den Ausgestoßenen, vor den Aussätzigen hatte, Menschen, die nirgends sonst eine Bleibe gefunden hatten als in der Lepraanstalt Sao Juliao. Ich weiß nicht, ob diese Menschen ahnten, dass ich meine Furcht vor ihnen bloß versteckte.

Sehnsucht nach der Ferne

Drei Tage zuvor hatte ich 14.000 Kilometer entfernt in München noch Sekt getrunken. Es war ein heißer Frühsommertag, und ich stand in der Abflughalle des alten Flughafens Riem, angespannt, aufgeregt und fast ohne Geld. Vor mir lag der erste Flug meines Lebens. Ich war fünfundzwanzig, hatte ein Touristenvisum in der Tasche, das Herz voller Fernweh und den Kopf voller Träume. Ich wollte nur noch weg. Meine letzten

D-Mark hatte ich für einen Fotoapparat ausgegeben. In meinem Koffer steckten ein paar leichte Klamotten, schließlich verhieß das Ziel meiner Reise Sonnenschein und tropische Wärme. Zu meiner Überraschung tauchten plötzlich Freunde und Bekannte auf. Krankenschwestern, Pfleger, Ärzte aus dem Ebersberger Kreiskrankenhaus und die Mitbewohner aus meiner Münchener Wohngemeinschaft waren gekommen, um mich zu verabschieden. Sie hatten Gläser und eine Kiste Sekt mitgebracht. Ich war derart aufgewühlt, dass mich nicht einmal der Alkohol beruhigen konnte. Von wohlwollenden Wünschen begleitet stieg ich in den Flieger. Nervös schnallte ich mich an. Eine Stewardess reichte mir die „Süddeutsche". Nach einer Weile fragte sie lächelnd: „Halten Sie Zeitungen beim Lesen immer verkehrt herum?"

Die Maschine machte einen Zwischenstopp am Flughafen Frankfurt. Als Geschäftsleute um mich herum sichtlich entspannt und gelassen über ihr Business plauderten, spürte ich: Ich bin allein auf einer Reise ins Ungewisse. Zurück blieben ein leeres Bankkonto und meine Freunde, die mir allesamt steckten: „Du verwirklichst einen Traum, den wir alle haben. Aber uns fehlt der Mut, das geregelte Leben aufzugeben." Dass ich mich schon sehr bald nach dem geordneten Leben in Deutschland zurücksehnen würde, ahnte ich in diesem aufregenden Moment des Abschieds nicht.

Nicht Brasilien, Afrika war in meiner Jugend das Ziel meiner Sehnsucht. Afrika, das klang für mich nach Safari, das roch nach Weite und Abenteuer, nach Spannung. Und nun stand ich nachts während eines Zwischenstopps im Senegal erstmals auf afrikanischem Boden, wenngleich nur auf dem Flughafengelände in Dakar. Trotzdem: ein erhebendes Gefühl. Bis mich ein anderer Fluggast ansprach. Auf portugiesisch. Natürlich wollte ich die Gelegenheit nutzen meine neuen Sprachkenntnisse zu testen. Immerhin hatte ich mich für meinen Aufenthalt in Brasilien mit einem Intensivkurs Portugiesisch vorbereitet. Das Gespräch geriet zum Fiasko. Ich bekam keinen vernünftigen Satz auf die Reihe. Eine bittere Enttäuschung. Mir war klar, mit diesen Sprachkenntnissen würde ich als Entwicklungshelfer in Brasilien nicht viel ausrichten. Zwei Jahre wollte ich dort bleiben.

Dann endlich Südamerika. Sechs Stunden Aufenthalt im uruguayischen Montevideo. Strömender Regen und winterliche Temperaturen. Über Porto Alegre flog ich weiter, bis ich schließlich in jener Stadt landete, deren bloßer Name damals schon reichte, um all meine Phantasie zu wecken: Rio de Janeiro. Wie oft hatte ich davon geträumt. Von den wunderbaren Stränden, von der Copacabana, dem Zuckerhut und der Christusstatue auf dem Corcovado. Rio! Eine Reise dorthin konnte sich nur leisten, wer Geld hatte. Sehr viel Geld. Und nun war ich dort. Für einen knappen Tag. Ich stellte meinen Koffer im Hotel ab, nahm das erstbeste Taxi und ließ mich an die Copa chauffieren. Dort setzte ich mich in ein Straßencafé, trank ein kaltes Bier und genoss dieses prickelnde Kribbeln der Haut. Noch heute, fast drei Jahrzehnte später, könnte ich stundenlang an der Copacabana sitzen und einfach nur den Menschen zuschauen, als stiller Beobachter all der Leichtigkeit, der Lebensfreude, der Lust am Dasein. Ich weiß noch, dass ich mich damals fragte: „Träume ich oder bin ich wirklich da?“ Nur vierundzwanzig Stunden später holte mich die andere Seite des brasilianischen Lebens ein. Der Alltag. Der war ein Schock.

In aller Herrgottsfrühe landete ich in Campo Grande, der Hauptstadt des Bundesstaates Mato Grosso do Sul. Ausgerechnet in der kältesten Jahreszeit. Hannelore und Marlene, zwei Entwicklungshelferinnen des Deutschen Aussätzigen-

Hilfswerks (DAHW) holten mich am Flughafen ab. Doch anstatt die Stadt anzufahren, stoppten die beiden Krankenschwestern 15 Kilometer außerhalb von Campo Grande, fernab der Zivilisation, im Leprosarium Sao Juliao. Das Heim für schwer behinderte Leprakranke wurde und wird noch heute von italienischen Salesianerinnen geleitet. Nach der Begrüßung durch die Ordensfrauen und die Mitarbeiter von Sao Juliao wies mir die Direktorin Schwester Silvia mein Quartier zu. Ein kahles Zimmer. Ohne Heizung, mit einem einfachen Bett und einem leeren Schrank. Nun saß ich da in meinem dünnen Hemd, geschafft, übermüdet und maßlos enttäuscht. Nichts war so, wie ich es mir vorgestellt hatte. Die bittere Kälte, die karge Unterkunft, ein Leben mit genügsamen Ordensfrauen wie in einem Kloster im Nirgendwo, weit weg vom Schuss. Ich hatte in Deutschland gelesen, dass die Umstellung hart werden würde. Für mich kein Problem, hatte ich gedacht. Doch nun war es vorbei mit aller verklärenden Reiseromantik. An ihre Stelle trat die Realität.

Fernweh lebt nicht nur aus der Sehnsucht nach Exotik, nach abenteuerlicher Fremde. Ein wichtiger Grund ist auch die Unzufriedenheit mit dem Vertrauten. Und ich war unzufrieden. Deutschland war mir zu eng. Ich wollte raus, raus aus einem Land voller Regeln und Vorschriften, raus aus dem Zwang, wie man zu leben hatte, raus aus dem Anpassungsdruck eines bürgerlichen Lebensstils, der mir verlogen erschien. Als Krankenpfleger habe ich an Feiertagen und zu Weihnachten immer freiwillig Dienst geschoben. Mir taten die Alten leid, die in dieser Zeit allein gelassen und abgeschoben wurden, damit ihre Familien in Ruhe besinnliche Festtage verbringen konnten. So wollte ich nicht leben. Meine deutsche Heimat war für mich eine Heimat von Biedermännern. Von engstirnigen Spießbürgern. Und ich tat alles dafür, ein

Anti-Spießbürger zu sein. Auch äußerlich. Ich war und wollte anders sein. Wenn es in den siebziger Jahren etwas gab, das die braven Bürger auf die Palme brachte, dann war das die Entscheidung, den Wehrdienst zu verweigern und lange Haare zu tragen. An meinem Einsatzort als Zivildienstleistender im Kreiskrankenhaus Ebersberg, unweit von München, setzte mir die Oberin eine Frist. „Entweder Bart und Haare kommen ab oder du fliegst raus." Dass meine üppige Haarpracht dran blieb, verdankte ich nicht zuletzt dem damaligen Chefarzt. Er ließ sich von Äußerlichkeiten nicht beeindrucken und stärkte mir den Rücken. Würde ich solche Unterstützung auch in Brasilien finden? Daran zweifelte ich nach meiner Ankunft in dem Leprosarium Sao Juliao.

Natürlich hatte ich mich mit der Krankheit Lepra zuvor schon auseinander gesetzt. Ich hatte die Vorbereitungsseminare der AGEH, der Arbeitsgemeinschaft für Entwicklungshilfe in Köln besucht, und natürlich hatte mich auch mein Arbeitgeber, die Deutsche Lepra- und Tuberkulosehilfe (DAHW) in Würzburg, recht intensiv auf meine Aufgabe vorbereitet. Ich sollte die Krankenschwester Mechthild Weber ablösen, die zurück nach Deutschland ging, und langfristig in Mato Grosso in der Stadt Rondonopolis ein Netz ambulanter Behandlungsstationen für Leprapatienten aufbauen. Doch alle Theorie wurde grau, als ich zum ersten Mal echte Lepröse sah. Dass mir die Krankheit nicht recht geheuer war, hatte ich schon während meines Zivildienstes in Ebersberg gemerkt. Den dortigen Ärzten fiel das schnell auf. Sie machten mit mir ihre Witze. „Pass auf", spöttelten sie, „du kommst zurück ohne Nase und Finger. Such Dir dann mal eine Freundin." Für mich war das mehr als ein blöder Scherz, ich hatte einfach höllische Angst mich anzustecken. Wenn mich Briefe mit Vertragsangelegenheiten aus Sao Juliao erreichten oder wenn Mechthild mir über die Situation im Leprosarium schrieb, reagierte ich verunsichert und ängstlich. Ich hatte Furcht vor dem unsichtbaren Mycobacterium leprae, dem bakteriellen Erreger der Leprakrankheit. Bevor ich die Post öffnete, streifte ich chirurgische Handschuhe über, las die Briefe und desinfizierte anschließend meine Hände. Danach verbrannte ich die Post.

Heimweh

„Terra de vera cruz", Land des wahren Kreuzes, ist die ursprüngliche Bezeichnung Brasiliens, das Pedro Alvarez Cabral 1500 für die portugiesische Krone in Besitz nahm. Heute ist das Land mit über 8.500.000 Quadratkilometern rund 25 Mal so groß wie Deutschland und das volkreichste Land Lateinamerikas, das an Fläche weltweit nur von Russland, China und Kanada übertroffen wird. Brasiliens Grenzen erstrecken sich über 21.000 Kilometer. Die Breitenausdehnung entspricht der Luftlinie London-Teheran, die Längenausdehnung der Strecke vom russischen Murmansk bis ins marokkanische Tanger.

Und nun saß ich mittendrin in diesem riesigen Land. Anstatt in einem tropischen Traum war ich auf dem Boden der lateinamerikanischen Wirklichkeit gelandet. Doch angekommen war ich nicht. Man muss sich Sao Juliao als ein weitläufiges Terrain mit einem verzweigten Netz aus Wegen und Erdstraßen vorstellen. Mit Hospital, medizinischen Einrichtungen, Kapelle und Wohnheimen für Ordensfrauen und Mitarbeiter. Dazwischen verstreut die Häuschen von rund einhundert Leprapatienten. Mich hier heimisch zu fühlen, konnte ich mir kaum vorstellen. Wenige Tage zuvor saß ich noch im sommerlichen München, und nun war alles weg. Die Freunde, die Stammkneipe, die Biergärten, die abendlichen Besuche im Theater, die Konzerte, die Jazzschuppen, unsere Parties. Wie konnte ich nur so dumm sein, das alles aufzugeben? Über Wochen quälte mich der Verlust. Ich besorgte mir einen kleinen Weltempfänger, stellte die Deutsche Welle ein und presste den Lautsprecher an mein Ohr. Die vertraute Sprache, die Stimmen aus der Heimat fehlten mir. Ich hatte Heimweh. Und ich sah nur einen Weg, aus dieser Misere herauszukommen. Ich wollte zurück. Zurück nach Deutschland, zurück nach München, zurück in das Kreiskrankenhaus in Ebersberg. Nur wie? Ich malte mir die peinliche Situation aus. Da wirst du mit viel Tamtam und großem Bahnhof am Flughafen verabschiedet und kehrst schon nach kurzer Zeit zurück. Als Gescheiterter, als jemand, der es nicht geschafft hat, als großspuriger Rebell, der sich übernommen hat. Doch ich hatte noch einen Rettungsanker. Mein Visum! Es würde mir gestatten, ohne Gesichtsverlust den Rückflug aus Brasilien anzutreten.

Normalerweise bereiten sich Entwicklungshelfer in Deutschland ein gutes Vierteljahr auf ihren Auslandseinsatz vor. Bei mir jedoch hatte die Vorbereitungszeit acht Monate gedauert. Der Grund: Ich erhielt kein Visum für einen zweijährigen Arbeitsaufenthalt in Brasilien. Immer wieder hatte die Arbeitsgemeinschaft für Entwicklungshilfe in Köln eine Erlaubnis beantragt, doch sie wurde von den brasilianischen Einreisebehörden nicht erteilt. Ich überbrückte die Wartezeit mit einem Praktikum in der Dermatologischen Abteilung an der Uniklinik in Köln. Die Ärzte dort waren außergewöhnlich hilfsbereit. Sie unterstützten mich, wo sie nur konnten. Um mich in der Diagnose und Therapie von Hauterkrankungen weiterzubilden, wurde ich regelrecht gedrillt, schließlich würde ich im brasilianischen Busch mit den Patienten auf mich allein gestellt sein. Doch ohne Visum drohte mein Vorhaben an den Hürden der Bürokratie zu scheitern. Zwar hatte das Gesundheitsministerium des Bundesstaates Mato Grosso einen Lepraarbeiter angefordert, doch die brasilianische Zentralregierung verweigerte meinen Arbeitsaufenthalt. Das Argument: Wir brauchen keine Unterstützung, weil die Krankheit Lepra im Land kein Problem darstellt. Doch das Gegenteil war in Mato Grosso der Fall. Dies wurde jedoch nicht offen zugegeben. Man fürchtete wohl einen Imageverlust des staatlichen Gesundheitssystems. Man darf nicht vergessen, dass Brasilien zu der Zeit eine brutale Diktatur war.

In dieser verfahrenen Situation entschieden die AGEH und mein Arbeitgeber, die DAHW, dass ich erst einmal als Tourist einreisen sollte, um dann vor Ort einen Daueraufenthalt zu beantragen. Vorerst durfte ich drei Monate als Tourist bleiben. Drei Monate in dieser unwirtlichen Kälte, drei Monate unter Nonnen in der Klausur einer spärlichen Mönchsklause, Kirche statt Kneipe, Tee statt Bier, die würde ich zur Not noch hinter mich bringen. Zumal mich die niederschmetternde Einsicht traf: Niemand hat hier auf mich gewartet. Die Menschen haben andere Sorgen, als sich mit den Ideen eines rebellischen Weltverbesserers abzugeben. Für meine Rückkehr nach Bayern würde jeder meine Freunde Verständnis aufbringen. Wenn eine Militärregierung einem Idealisten keine Arbeitserlaubnis erteilt, ist nichts zu machen. Doch ich hatte nicht mit der Cleverness von Schwester Silvia gerechnet. Die Direktorin des Leprosariums Sao Juliao kannte viele Leute, einflussreiche Personen in den Regierungskreisen in Brasilia. Und sie wusste, wie man mit Beamten umzugehen hatte. Jedenfalls fand sie Mittel und Wege, mir eine Aufenthaltserlaubnis zu beschaffen. Im Oktober flog ich noch einmal zurück nach Deutschland, um beim brasilianischen Generalkonsul in München mein zunächst auf zwei Jahre befristetes Arbeitsvisum abzuholen. Als ich den Stempel in meinem Pass sah, war die Entscheidung längst gefallen: Ich bleibe bei den Menschen in dem Land, das sich „Großer Wald“ nennt, ich bleibe in Mato Grosso.

Eine erste Bewährungsprobe

Dass ich in Campo Grande allmählich Fuß fasste, verdanke ich Mecki, wie die Krankenschwester Mechthild Weber gerufen wurde. Sie lebte vor den Toren der Stadt, mitten im Busch, mit drei Pferden, ein paar Schweinen, fünfzig Kaninchen und fünf scharfen Schäferhunden. Neben ihrem Häuschen knatterte ein Dieselgenerator, der sie mit elektrischem Licht und Strom für den Kühlschrank versorgte. Trotz der Idylle war das Leben da draußen für eine allein stehende Frau gefährlich. Überfälle waren nicht selten. Doch Mecki wusste sich vor Kriminellen zu schützen. Zumindest beruhigte es sie, dass im Handschuhfach ihres Autos ein 38er Revolver lag, den sie nachts unter ihr Kopfkissen steckte. Sie war es, die mich hin und wieder aus der Abgeschiedenheit von Sao Juliao herausholte. Sie kam mit ihrem alten Veraneio angebraust, ein Kombi nach Art der amerikanischen Straßenkreuzer, und wir bretterten durch die Gegend. Mir wurde mulmig bei ihrer Fahrweise, aber der Lohn für das Staubschlucken war die Gesellschaft freundlicher Menschen. Mecki war nicht nur eine kompetente Krankenschwester, sie liebte es, unter Leuten zu sein. Sie kannte jeden, und jeder kannte die Deutsche, die gern mit einfachen Leuten abends auf einen Schwatz zusammensaß.

Am 24. Juni nahm Mecki mich mit nach Nova Lima, zu den Feierlichkeiten des Johannisfestes. Dass dort eine Bewährungsprobe auf mich wartete, wusste ich nicht, als wir die armseligen Holzhütten des Neuen Lima außerhalb von Campo Grande erreichten. Nova Lima war ein Dorf von Leprösen. Sie waren aus den Krankenanstalten entlassen worden und wussten nicht wohin. In der Barackensiedlung blieben die Behinderten weitgehend unter sich. Sie waren auf sich selbst gestellt und versuchten, mit einer schäbigen Sozialrente irgendwie über die Runden zu kommen. Doch zu Johannis wurde wie in allen Dörfern gefeiert. Das Fest begann mit einer Messe, anschließend versammelten sich alle um ein riesiges Feuer. Die Bretterbude, in der sich die Menschen zuvor vor der Statue des Heiligen Johannes verneigt hatten, wurde zu einer Disko umfunktioniert und aus einem alterschwachen Plattenspieler dudelte Tanzmusik. Die Mädchen hatten sich hübsche Kleider geschneidert, und die Königin des Festes erschien ganz in Weiß mit einer Krone aus Plastik.

Leider weiß ich ihren Namen nicht mehr. Sie war ungefähr siebzehn, und ich werde nie vergessen, wie die Leprakranke auf mich zuging. Sie bot mir Limonade an. Just als ich danach greifen wollte, nahm sie einen Schluck und reichte mir das Glas. Plötzlich war sie wieder da, diese schreckliche Angst mich anzustecken. Sie sah mir scharf in die Augen. Ich trank. Widerwillig. Doch ohne zu zögern. Dann nahm sie ein Stück Kuchen, biss hinein und bot mir davon an. „Der Kuchen muss runter“, dachte ich, „sonst kannst du hier einpacken.“ Ich aß. Dann forderte sie mich zum Tanz auf. Ich nahm sie bei der Hand und zog mit ihr auf die Tanzfläche. Beifall tobte los. Ich tanzte die ganze Nacht mit den Kranken, trank Caipirinha mit ihnen und erlebte eines der wunderbarsten Feste meines Lebens. Sie hatte mich testen wollen, gestand mir die

Königin später. Und ich hatte den Test bestanden. Ich hatte nicht nur die Furcht besiegt, sondern auch alle Sympathien gewonnen. Einen Tag später erfuhr ich, die strahlende junge Frau hätte mich gar nicht mit Leprabazillen infizieren können. Ihre Krankheit war längst ausgeheilt.

Frei Octaviano, ein Schimpfer vor dem Herrn

Im September fuhr ich zu meinem eigentlichen Bestimmungsort in Brasilien. Nach Rondonopolis. Dort gab es so gut wie keine Lepraarbeit, weshalb ich in dem Städtchen im Auftrag der DAHW und dem Gesundheitsministerium von Mato Grosso für die weit verstreut in der Buschsteppe lebenden Leprapatienten einen medizinischen Versorgungsdienst aufbauen sollte. Wohnen würde ich in einer Missionsstation mit drei deutschen Franziskanern. Als ich in den Nachtbus stieg, der mich in acht Stunden 500 Kilometer durch die Steppe kutschierte, trug ich schwere Armeestiefel. Ich hatte zwar in Deutschland den Wehrdienst mit der Waffe verweigert, doch in dem Stiefelschaft steckte ein Messer. Nicht aus Neigung zu Gewalttätigkeit, eher zur eigenen Beruhigung. In meinem Kopf spukten all die üblen Räubergeschichten, die man mir in Campo Grande über die zahlreichen nächtlichen Überfälle auf Busse erzählt hatte. Damals wusste ich noch nicht, dass man bei einem Angriff von bewaffneten Banditen gut beraten ist, auf jegliche heldenhafte Selbstverteidigung zu verzichten. Morgens um sechs erreichte ich Rondonopolis. An dem verdreckten und heruntergekommenen Busbahnhof stieg ich aus und fragte mich durch zu den Ordensbrüdern.

Vor dem Pfarrhaus der Gemeinde Sagrado Coração de Jesus, zum Heiligen Herzen Jesu, saß in einem Schaukelstuhl Frei

Octaviano, ein kleiner, gedrungener Mittfünfziger mit dem deutschen Namen Willibald Hirt. Er zog stumm an seiner Pfeife. Durch die dicken Gläser seiner schwarzen Brille musterte er argwöhnisch den Kerl, der da mit langer Mähne, Vollbart und olivgrüner Militärjacke vor ihm stand. „Guten Morgen“, sagte ich freundlich, „ich bin der neue Entwicklungshelfer. Ich bin gekommen, um mit den Leprakranken zu arbeiten.“

Octavianos Blick wurde abgrundtief misstrauisch. „Das kann jeder behaupten“, grantelte er. „Hier laufen so viele Lumpen herum.“ Dann legte er los. Niemals vorher und niemals nachher habe ich einen Menschen getroffen, der so schimpfen konnte. Er wetterte gegen Vagabunden, gegen Halunken, gegen Schurken. Gegen alles. Schimpfen war Octavianos Spezialität. Er schimpfte morgens, mittags und abends. „Gesockse“ war sein Lieblingsschimpfwort. Alle waren Gesockse, ganz besonders die korrupten Politiker, die Gelder in obskuren Kanälen verschwinden ließen; Gelder, die eigentlich in Schulen, Ausbildung, Sicherheit, Straßen, Krankenhäuser oder Medikamente investiert werden sollten. Später fand Octaviano in mir einen Verbündeten. Wenn ich nachts ausgelaugt von meinen strapaziösen Touren zurückkehrte, stand immer ein kühles Bier im Kühlschrank. Wir brieten ein gutes Stück Fleisch, tranken ein Helles und schimpften gemeinsam. Gründe sich aufzuregen, gab es schließlich genug. Doch Octaviano schimpfte anders als ich. Während ich in meinen ersten Brasilienjahren radikale und aggressive Ansichten entwickelte und immer unversöhnlicher wurde, hatte Frei Octaviano eine erfrischende und herzliche Art, seinem Unmut Luft zu machen. Die Brasilianer jedenfalls sahen ihm seine Schimpfkanonaden nach. Er hatte eine Art Freifahrtschein, und man konnte ihm nicht böse sein. Selbst wenn er von der Kanzel herunterwetterte. Er beleidigte nie jemanden persönlich und wurde nie gehässig. Und doch wusste jeder: er hatte Recht, wenn er gegen das Unrecht loslegte. Das machte ihn bei den Armen so beliebt. Er gab alles für sie, war ständig mit dem Pferd unterwegs und schlief bei den einfachen Leuten auf dem Land in Hängematten. Ich habe nie erlebt, dass er einen der Bettler, die tagtäglich an die Tür des Pfarrhauses klopften, fortgeschickt hätte. Nicht einmal nachdem er des Öfteren überfallen und ausgeraubt worden war. Er hatte wirklich ein großes Herz. Und keine Angst. In späteren Jahren, als ich längst verheiratet war, wurde der Alte zum Wahlgroßvater meiner zwei Kinder, der sonntags regelmäßig zum Frühschoppen kam und der, was sonst, mit mir über Gott und die Welt schimpfte.

Als Frei Octaviano am Tag meiner Ankunft in Rondonopolis seine Tiraden beendet hatte, fragte er: „Hast du schon gefrühstückt?" Dann gab er mir zu essen und schickte mich noch am selben Tag mit dem Bus die 500 Kilometer nach Campo Grande zurück. Kurz darauf fuhr mich der Provinzial der dort ansässigen Franziskaner reumütig mit dem eigenen Auto wieder durch den Mato Grosso nach Rondonopolis zurück. Der Ordensobere hatte schlichtweg verschlafen, Bruder Octaviano über meine erste Ankunft zu informieren.

Der Coronel von Rondonopolis

Der Flächenstaat Mato Grosso im Herzen Brasiliens war wenige Jahre zuvor in zwei Staaten aufgeteilt worden. Mato Grosso do Sul im Süden mit der Hauptstadt Campo Grande und Mato Grosso mit der Hauptstadt Cuiabá. Mein Einsatzgebiet lag im Norden, in einem Bundesstaat drei Mal so groß wie die alte Bundesrepublik Deutschland vor der Wiedervereinigung. Das junge Rondonopolis, nach Cuiabá der zweitgrößte Ort in Mato Grosso, erhielt erst 1953 das Stadtrecht. Vor dreißig Jahren lebten hier rund 80.000 Einwohner, im Landkreis Rondonopolis knapp doppelt so viele Menschen. Das Klima ist feucht und sehr heiß, oft mit Temperaturen von weit über vierzig Grad, mit Regenperioden in den Monaten Oktober bis März. Einst wurde die Region vom Stamm der Bororo-Indianer besiedelt, die jedoch durch Einwanderer aus anderen Teilen Brasiliens vertrieben wurden. Zuerst kamen die Edelsteinwäscher, dann die Facenderos und die Landarbeiter, die die Zahl der Indianer immer weiter dezimierten. Die wenigen verbliebenen Indianer kamen in Reservate.

Durch die Migranten, die in der Hoffnung auf Arbeit und eigenes Land nach Mato Grosso strömten, entwickelte sich Rondonopolis zu einem strategisch wichtigen Verkehrsknotenpunkt. Die Stadt war die erste Anlaufstelle für Zuwanderer und viele blieben gleich dort. Heute leben in der Stadt 180.000 Menschen, angelockt durch riesige Agrarflächen für den Anbau von Sojabohnen. Der Sojaboom und die hohen Steuereinnahmen bescherten Rondonopolis viele Arbeitsplätze, einiges Geld und einen ungeheueren Aufschwung, der allerdings 2005 abrupt endete. Schuld daran war der massive Preisverfall für Soja. Innerhalb nur eines Jahres sanken die Preise aufgrund von Überproduktion dramatisch. Anstatt 65 Real, circa 24 Euro, erhielten die Farmer nur noch elf Real pro Sack.

Zu Beginn der Achtziger war das Gesundheitssystem der Region Rondonopolis in einem desolaten Zustand. Gewiss, es gab sechzig Ärzte und zwei diplomierte Krankenschwestern sowie acht Krankenhäuser mit etwa 400 Betten. Aber das Pflegepersonal war entweder gar nicht ausgebildet oder hatte bestenfalls einen zweimonatigen Schnellkurs absolviert. Vor allem aber arbeiteten die studierten Ärzte alle auf privater

Abrechnungsbasis. Patienten ohne jedweden Versicherungsschutz, und das waren damals rund achtzig Prozent der Menschen, hatten jedoch kein Geld übrig. Für sie hatte man einen Gesundheitsposten eingerichtet, der seinen Namen nicht verdiente. Eine baufällige Bruchbude. Die Farbe blätterte ab, und es regnete hinein. Den kleinsten Raum hatte man mit ein paar Brettern vom Korridor abgetrennt. Er war vier Quadratmeter groß und diente zur Behandlung von Leprapatienten sowie von Haut- und Geschlechtskrankheiten, vor allem der Syphilis. Zudem landeten hier Tuberkulosefälle und psychisch Kranke. Selbst der Sozialdienst hatte hier seinen Sitz. Oft gab es Streit unter den Angestellten der Gesundheitsstation, weil jeder den Platz für sich beanspruchte. Das Zimmerchen bot Platz für einen Tisch und einen Stuhl, während die Patienten in der stickigen und brütenden Hitze in der Tür stehen mussten. Man spendierte ihnen nicht einmal einen Ventilator. Vertrauliche Gespräche mit den Patienten waren kaum möglich und konnten wegen des Straßenlärms nur lautstark geführt werden.

Die zwei größeren Räume besetzten Dr. Rodolfo de Oliveira und seine Sekretärin. Der 70-jährige Rodolfo war ein pensionierter Coronel der Armee, studierter Tierarzt. Auf den ersten Blick wirkte er mit seinem schütteren grauen Haar eher harmlos. Ein Irrtum. Die ganze Stadt fürchtete diesen knallharten Militär. Als ich mich morgens als der neue Regierungsarbeiter für die Leprakranken bei ihm vorstellte, traf ich das personifizierte Misstrauen. Schon mein äußeres Erscheinungsbild passte ihm nicht. Um Konflikte zu vermeiden, das hatte man mir bei der AGEH in Deutschland geraten, sollte ich doch bitte Bart und Haare stutzen. Darauf hatte ich verzichtet. So war mein bloßer Anblick für Dr. Rodolfo ein Ärgernis. Eine fruchtbare Zusammenarbeit schien ausgeschlossen. Und sie war auch tatsächlich lange Jahre unmöglich, nicht mit einem so genannten Arzt, der ständig mit einem Revolver herumfuchtelte, Leprapatienten als dreckige Hunde beschimpfte und sie mit Schäferhunden und Waffen aus der Stadt jagen ließ. Im Gegenzug gehörte ich für den Coronel zu jenen Subjekten, die er nicht nur verachtete, sondern zutiefst hasste. Ich war in seinen Augen ein Subversiver, ein Kommunist. Hätte Rodolfo damals meine Gedanken lesen können und gewusst, dass er einen Wehrdienstverweiger vor sich hatte, der für die sozialrevolutionären Ideen eines Che Guevara entflammt war, ich weiß nicht, was er mit seiner Pistole gemacht hätte. Künftige Probleme jedenfalls waren vorprogrammiert.

Ein hoffnungsloser Fall

„Für die Wehrdienstverweigerer sind die Helme schon geschmiedet", pflegte Pater Leopold Kapa einst zu sagen. Der Direktor der Knabenrealschule der Herz-Jesu-Missionare in Rebdorf unweit der fränkischen Bistumsstadt Eichstätt machte keinen Hehl daraus, was er von jungen Männern hielt, die auf das im deutschen Grundgesetz verbriefte Recht pochten. Der Zivildienst war eine Schande, und wer ihn ableistete, war ein Drückeberger, Schmarotzer, Parasit und Feigling. In meinem Fall kam erschwerend hinzu, dass ich zwar der älteste Schüler der Schule war, aber weiß Gott nicht der beste. Obwohl ich beim Übergang vom Gymnasium zur Mittelschule eine Ehrenrunde drehen musste, blieb ich in Mathematik, Buchführung, Physik und Chemie eine Niete. Dafür lagen meine Stärken im Organisieren. Ich managte eine Rockband, war Mitherausgeber unserer Schülerzeitung, machte als Schulsprecher öfter den Mund auf und gründete mit Freunden aus der Knabenrealschule den Arbeitskreis „Share". Angeregt und beseelt durch die Herz-Jesu-Missionare, die einige Entwicklungsprojekte in Afrika betrieben, wollten wir das Prinzip des Teilens praktizieren. Unter den Mitschülern wollten wir die Solidarität mit der Dritten Welt und den Sinn für Gerechtigkeit stärken. Zudem konnten wir mit unseren Aktionen die Arbeit der Missionare in Afrika finanziell ein wenig unterstützen.

Spätestens mit achtzehn und dem Besuch der letzten Klasse stand für mich fest, dass ich nicht zur Bundeswehr gehen würde. Zum Entsetzen Leopold Kapas war ich der erste Schüler in Rebdorf, der solch einen skandalösen Schritt wagte. Als ich dann auch noch die traditionelle Seminarwoche für die Schüler der 10. Klasse organisierte, deren Thema wir selber bestimmen durften, war für den Herz-Jesu-Pater die Schmach für seine Schule perfekt. Das Thema lautete: Wehrdienstverweigerung. Da jedoch viele engagierte Lehrer die Idee begrüßten, musste Kapa die Veranstaltung genehmigen. Als Gegenmaßnahme lud er für das Diskussionspodium einen Offizier für Taktik von der Bundeswehrhochschule ein. Der sollte mich und einen Referenten vom Arbeitskreis Wehrdienstverweigerung in Grund und Boden argumentieren. Doch die Rechnung des Direktors ging nicht auf. Er hatte wohl gehofft, das Lehrerkollegium würde sich aus der Debatte heraushalten. Tat es aber nicht. Stattdessen erhielt ich Rückendeckung und argumentativen Beistand seitens der Lehrerschaft. Der Offizier geriet in Erklärungsnot und musste schließlich eingestehen: Wer das Recht auf die Verweigerung des Wehrdienstes nicht respektiert, steht nicht auf dem Boden des Grundgesetzes. Für uns Schüler war das ein klarer Sieg über Leopold Kapa. Dass ausgerechnet der Mann, der mir in der Schule so viele Probleme bereitet hatte, mir am Ende der Schulzeit versöhnlich die Hand reichte, gehört zu den schönen Erfahrungen, die ich machen durfte. Und das nach manchem ernsten Streit und teils bösen Auseinandersetzungen. Als ich die Knabenrealschule Rebdorf verließ und dem Direktor meinen Nachfolger als Schulsprecher vorstellte, lud mich Pater Kapa in sein Privatzimmer im Herz-Jesu-Kloster ein. Er schenkte ein Schnäpschen ein und bot mir eine Zigarre an. Dann dankte er mir für mein Engagement. Mit den Worten „Manfred, ich bin nicht nachtragend“ rauchten wir unsere Friedenpfeife. In späteren Jahren, als ich die Fachoberschule in Weißenburg besuchte, steckte Leopold Kapa meinem Klassenleiter: „Mit dem Manfred bin ich immer hervorragend ausgekommen. Er war einer meiner besten Schüler.“

Vergessen war, dass er immer wieder gedroht hatte, mich von der Schule zu werfen. Dass es niemals dazu kam, verdanke ich auch meinem einstigen Klassenlehrer Brandl. Er war für mich ein Glücksfall. Ein Mensch, der an mich glaubte, als ich längst als hoffnungsloser Fall galt, als ein Querulant, der nichts anderes hervorbringt als Unordnung. Ich weiß nicht, wie oft der Wirtschaftslehrer für mich bei Pater Kapa seinen Kopf hingehalten hat. Jedenfalls handelte er sich eine Menge Ärger ein. Er tat etwas, was er nicht hätte tun müssen. Freiwillig und ohne Zwang machte er, was er selber für richtig hielt. Er stellte sich vor mich. Leider ist er vor einigen Jahren verstorben, doch für mich bleibt eine wunderbare Erinnerung. Einen guten Lehrer mit Rückgrad gehabt zu haben, der auch gegenüber einem Spinner und Revoluzzer fair und tolerant blieb, ist eine weitere schöne Erfahrung, die ich aus Rebdorf mit ins Leben nehmen konnte. Noch kurz vor seinem Tod äußerte er den Wunsch, bei seiner Beerdigung auf Blumen und Kränze zu verzichten und stattdessen für meine Lepraarbeit zu spenden. Ohne Brandl wäre mein Leben gewiss in eine andere Bahn gelaufen.

Wer mein leiblicher Vater ist, weiß ich nicht. Meine verstorbene Mutter Ursula stammt aus einer Bauernfamilie aus dem Sudetenland. Während der Vertreibungen gegen Ende des Krieges musste sie mit ihren Eltern und ihrem Bruder fliehen und landete in dem süddeutschen Flüchtlingslager Greding. Im Lohrmannshof bei Eichstätt, einem Landgut von gut 800 Hektar, fand meine Mutter eine Anstellung als Haushälterin. Dort muss sie meinen Vater kennen gelernt haben. Er soll ein Abenteurer gewesen sein, erzählte man, ein Söldner, der wohl bei Einsätzen in Afrika kämpfte. Ich weiß nur vom Hörensagen, dass mein Vater mich einmal besucht hat, als ich zwei Jahre alt war. Welche Geschichte sich damals wirklich zugetragen hat, darüber hat mit mir nie jemand gesprochen. Meine Mutter schwieg bis zu ihrem Tod. Mein Onkel und meine Großmutter fanden kein gutes Wort für den Mann, der sich aus dem Staub gemacht und meine schwangere Mutter sitzen gelassen hatte. Sein Name war tabu. Er wurde totgeschwiegen. Meine Mutter heiratete dann den Gutsverwalter, meinen Stiefvater Johann Wolfsteiner, ein guter, achtenswerter Mensch und Vater, der dafür sorgte, dass ich noch fünf Halbgeschwister bekam.

Dass wir den Lohrmannshof verließen, hängt mit dem tragischen Tod meiner Schwester Waltraud zusammen. Mein Stiefvater hatte den Besitzer des Gutshofes immer wieder gebeten, einen Zaun um den Teich auf dem Anwesen zu ziehen, damit uns Kindern dort nichts passieren konnte. Als ich sieben war, bin ich eines Tages mit den Geschwistern in den nahen Wald gegangen, um Beeren zu sammeln. Nur Waltraud wollte nicht mit. Man konnte ihr nichts abschlagen. Alle mochten sie mit ihren blonden Locken und ihrem offenen Lachen. Als wir aus dem Wald nach Hause kamen, war sie nicht da. Wir suchten sie, bis wir ihren kleinen Körper im Weiher fanden. Das Bild, wie sie leblos in dem Weiher lag, habe ich damals nicht richtig verstanden, nur die schrecklichen Schreie meiner verzweifelten Mutter haben sich für immer eingeprägt. Der Gutsbesitzer ließ danach einen Zaun ziehen und bot meinem Vater mehr Lohn. Doch er kündigte. Er konnte den Anblick des Weihers nicht mehr ertragen. 1960 zogen wir nach Rebdorf, wo Vater in den landwirtschaftlichen Betrieben des örtlichen Klosters eine neue Anstellung fand. Dort, bei den Herz-Jesu-Missionaren wurden die Weichen für meinen Lebensweg gestellt. Und hätte meine rebellische Natur mir nicht dazwischen gefunkt, ich glaube, ich wäre Priester geworden.

Priester oder Rebell?

Ich besuchte die Volksschule in Eichstätt, doch meine Familie lebte auf dem Gelände des Klosters Rebdorf. Die Herz-Jesu-Patres suchten ständig Nachwuchs an Ministranten, und da meine Freunde alle Messdiener waren, wurde ich selbstverständlich auch Ministrant. Das war eine große Ehre für mich. Die Feier der Einkleidung, die Rituale der Initiation waren ungeheuer wichtig. Ich war nicht allein. Ich gehörte dazu. In dieser Zeit wuchs der Wunsch, Priester zu werden. Ich trat in das Missionsseminar der Herz-Jesu-Missionare ein. Obwohl ich in unmittelbarer Nähe wohnte, lebte ich fortan nicht bei den Eltern, sondern im Internat. Vormittags besuchte ich das humanistische Willibald-Gymnasium in Eichstätt. Der Tagesablauf war streng reglementiert. Nach dem Mittagessen im Seminar Hausaufgaben von 14.30 bis 16.00 Uhr, Pause, Studienzeit von 16.30 bis 18.00 Uhr, Essen, abends weitere Studien und Schlafen. Und zwischendurch selbstverständlich heilige

Messen. Schon als Zehnjähriger wurde ich langsam auf den Priesterberuf vorbereitet. Latein und Griechisch standen auf dem Stundenplan. Doch während ich in den Sprachen mithalten konnte, schaffte ich in Fächern wie Mathematik, Chemie und Physik die Anforderungen nicht, so dass ich nach vier Jahren vom Gymnasium zur Realschule in Rebdorf wechseln musste. Gegen den Widerstand von Leopold Kapa, der mir sagte: „Wenn es nach mir ging, würde ich so einen Kerl wie dich nicht aufnehmen."

Mit dem Ende meiner Realschulzeit verließ ich die Herz-Jesu-Missionare. Eigentlich sollte ich nun ins Priesterseminar nach Innsbruck wechseln, Theologie studieren und anschließend als Missionar nach Afrika gehen. Doch mit achtzehn, neunzehn Jahren schien mir das Priesterdasein nicht mehr attraktiv. Ich fuhr lieber nach München, besuchte Rockkonzerte, feierte mit Freunden und habe mich natürlich irgendwann auch in eine junge Frau verliebt. Sie hieß Sofie und war Schülerin am Gymnasium in Eichstätt. Sie wurde meine Freundin, was mich in einen inneren Konflikt stürzte. Als Seminarist durfte man nämlich keine Freundin haben. Überhaupt blieb im Seminar das Leben außen vor. Aber genau das wollte ich kennen lernen. Und auskosten. Beten, glauben, die Messe besuchen, das hat mich nicht mehr interessiert. Ein entschiedener Gegner der Kirche war ich damals noch nicht. Sie war mir ganz einfach nur gleichgültig.

In München absolvierte ich im Schwabinger Krankenhaus eine dreijährige Ausbildung als Krankenpfleger und lebte in einer Wohngemeinschaft mit Leuten, die alle längst mit Papst und Kirche gebrochen hatten. Ihre Lehren waren uns egal. Für uns war die Kirche bloß ein Verein frommer Leute, die lieber beteten anstatt die Welt zu verändern. Unser Idol war Che Guevara. Ein Revoluzzer, einer, der Gerechtigkeit schaffen wollte, wenn nötig auch mit Waffengewalt. Revolutionär zu sein und den Wehrdienst zu verweigern war zu der Zeit für mich kein Widerspruch.

Ich habe nicht den Wehrdienst verweigert, weil ich rigoros und fanatisch gegen Waffen war. Bei meiner Verhandlung um die Anerkennung als Wehrdienstverweigerer in Ansbach fiel ich in erster Instanz durch. Ich hatte mich wohl in etwas wirren politischen Argumenten verheddert. In der zweiten Instanz dann stellte mich die Kommission vor zwei Szenarien.

Erstens: Sie sind Pfleger in einem Krankenhaus und es ist Krieg. Sie arbeiten im ersten Stock und Partisanen stürmen das Hospital. Die Feinde erschießen die Patienten im Erdgeschoss, vergewaltigen und ermorden die Krankenschwestern. Dann dringen die Mörder in den ersten Stock vor. Sie haben die Möglichkeit, eine Maschinenpistole zu greifen und die Bande zu stoppen. Wie würden Sie sich verhalten?

Meine Antwort war klar. Ich nehme die Maschinenpistole und schieße.

Zweite Szene: Sie liegen in einem Schützengraben und gegenüber liegt der Feind. Sie erhalten den Befehl zu schießen. Würden Sie dem Befehl folgen?

Ich erklärte dem Ausschuss: „Ich weiß nicht, wie ich in solch einer Lage reagieren würde. Einen Menschen zu töten, der ebenfalls einen Menschen töten soll, weil ein Militär dies von oben befohlen hat, ist nicht vergleichbar mit der Notwehrsituation in einem Krankenhaus, wo es gilt, das Leben Unschuldiger zu retten." Mit dieser Einstellung wurde ich als Wehrdienstverweiger anerkannt. Ich nahm das Urteil mit einer gewissen Genugtuung auf. Mich hatte geärgert, dass einige meiner Bekannten nicht zur Bundeswehr eingezogen wurden. Auffällig war: Sie alle stammten aus einflussreichen Elternhäusern.

In all den späteren Jahren in Brasilien hat mir die Polizei

immer wieder geraten, mir zu meinen eigenen Schutz eine Pistole zuzulegen. Ich habe das nie getan. Mir graust vor dem Gedanken, auf einen Menschen anlegen zu müssen. Im Besitz einer Waffe jedoch könnte ich in eine solche Situation geraten. Das will ich nicht. Mein Freund Nazareno, von dem noch zu erzählen sein wird, hat diese Einstellung gelebt. Bis zur allerletzten Konsequenz. Einer seiner letzten Sätze lautete: „Bevor ihr meine Freunde umbringt, erschießt mich."

Der Präsident der Ärzte

„Bevor ihr meine Freunde umbringt, erschießt mich." Ein solcher Satz wäre Coronel Dr. Rodolfo de Oliveira niemals über die Lippen gekommen. Er nannte sich selbst einen „Helden der Revolution". Chef des Gesundheitspostens in Rondonopolis wurde er nicht aufgrund seiner Qualitäten als Arzt, sondern wegen seiner Karriere beim Militär. Außerdem war er Großgrundbesitzer einer 10.000-Hektar-Fazenda. Der größte Teil seines Landes lag jedoch brach. Während der harten Jahre der Militärdiktatur führte er ständig Prozesse gegen missliebige Personen, steckte seine Farmangestellten in Uniformen und bewaffnete sie wie paramilitärische Truppen. Dann machte man Jagd auf verdächtige Kommunisten. Zusammen mit dem örtlichen Kasernenchef galt Rodolfo als der mächtigste Mann der Stadt. Alle zitterten vor ihm.

Als ich zum Antritt meiner Arbeit morgens um neun in sein Büro trat, nicht ahnend, wen ich vor mir hatte, schnauzte er mich an: „Ihr Dienst beginnt um sieben."

Ich protestierte: „Ich bin nicht Ihr Angestellter und Sie haben über mich nicht zu verfügen. Ich lege die Uhrzeit fest, wann ich hier erscheine."

Das hatte Dr. Rodolfo noch nie erlebt. Widerworte war er nicht gewohnt. Aber auch ich sah mich in einer befremdlichen Situation. In Deutschland war es für mich selbstverständlich gewesen offen zu reden. Jederzeit sagen zu können, was ich dachte, schien mir nicht ein hohes Gut der Freiheit, sondern als etwas menschlich Natürliches. Und nun dieser wahnsinnige Schock. Ein von Militärs regierter Staat! Unter der Diktatur des brasilianischen Generals Ernest Geisel musste ich jedes Wort abwägen. Man wurde bespitzelt, kontrolliert, ausgehorcht. Und auch provoziert. In geselligen Runden machte plötzlich jemand eine abfällige Bemerkung über die Militärs und registrierte genau, wie ich reagierte. „Pass auf, was du sagst", hatten mich meine Bekannten in Rondonopolis immer gewarnt. Ein offenes und falsches Wort über die Regierung, über korrupte Politiker, über Coronel Rodolfo würde Konsequenzen haben, wobei eine Ausweisung aus Brasilien womöglich noch ein harmloses Übel war.

Ich geriet in Situationen, in denen es nicht möglich war, die Wahrheit zu sagen. Genauer gesagt, ich musste lügen. Öfter wurde ich darauf angesprochen, wie denn mein Militärdienst in Deutschland gewesen sei. Dass ich ein Verweigerer und Zivildienstleistender war, hätte ich um keinen Preis zugeben dürfen. Ich erzählte stattdessen, ich wäre wegen meines Entwicklungsdienstes in Brasilien als Soldat in Deutschland freigestellt worden. Das haben alle ohne Nachfragen geschluckt und akzeptiert.

Einen funktionierenden Lepradienst gab es in der Region Rondonopolis nicht. Die Kranken waren an den Stadtrand verbannt, wo sie in ärmlichsten Verhältnissen hausten. Wer sich in das Zentrum wagte, wurde häufig von der Polizei aufgegriffen, festgenommen und ins ferne Leprosarium Sao Juliao nach Campo Grande verfrachtet. Und zwar für den Rest seines Lebens. Wenn jemand den Weg bis zum Gesundheitsposten schaffte, musste er mindestens zwei Meter Abstand von Coronel Rodolfo einhalten. Doch nicht nur er, alle hatten Angst sich anzustecken. Wie auch ich. Die meisten Kranken lebten irgendwo im Busch. Sie waren mittellos, sahen erbärmlich aus und stanken fürchterlich mit ihren eitrigen Entzündungen. Doch statt ihre Lage zu ändern, behandelte der Coronel diese Menschen wie Tiere. Er brüllte die Leute an: „Zieh dein Hemd aus, du dreckiger Hund." Dabei hantierte er einschüchternd mit seiner Pistole herum, um zu verhindern, dass ihm jemand an den Hals sprang.

Als Präsident der privaten Ärzteschaft von Rondonopolis war der grobschlächtige Coronel den Kollegen ein Dorn im Auge. Seit Jahren schon hatten sie erfolglos versucht, den Tyrannen abzuwählen. Schließlich erklärte sich Rodolfo zum Rücktritt bereit. Sechzig Ärzte erschienen zu einer Versammlung. Mich hatten sie auch eingeladen. Das Treffen währte nur kurz. Dr. Rodolfo begrüßte die Anwesenden und eröffnete die Sitzung, indem er seinen Revolver zog. „Meine Herren, hier gibt es keine Wahl. Ich bin weiterhin der Präsident." Weil niemand widersprach, gingen alle nach Hause.

Steine im Weg

Mir waren die Hände gebunden. Unter der Kontrolle Rodolfos war nichts für mich zu tun. Zur Untätigkeit verdammt, hockte ich in der Missionsstation der deutschen Franziskaner, schimpfte mit Octaviano und schlug die Zeit tot. Wochenlang zerfraß mich die trostlose Erkenntnis: Niemand wartet auf dich, niemand braucht dich. Bis die Patres für mich den Kontakt zu Schwester Idalina dos Santos knüpften. Die Ordensfrau war eine diplomierte Krankenschwester, die sich in den umliegenden Pfarreien für die Gesundheit der Ärmsten engagierte. Sie führte Impfkampagnen gegen Tetanus, Kinderlähmung und Keuchhusten durch, klärte die Familien über Hygiene- und Erste-Hilfe-Maßnahmen auf und gründete Mini-Gesundheitsposten auf dem Land. Ich begleitete sie und wir beschlossen, gemeinsam zu arbeiten. Unabhängig von Coronel Rodolfo. Weil ich damals noch kein eigenes Auto hatte, liehen mir die Franziskaner einen VW-Kombi. Eine gelbe, schrottreife Rostlaube, deren Motor ständig aus dem letzten Loch pfiff. Damit fuhren wir raus. Idalina wusste, wo die Leprakranken und die Bedürftigen wohnten. In den entlegenen Siedlungen impften wir Schulkinder, betreuten die Kranken und verabreichten Medikamente. Unterwegs lernte ich auch zahlreiche Landlose kennen, die brachliegendes Terrain besetzt hatten und in einem Camp lebten. Subversive in Rodolfos Augen. Schon der Gedanke an Landlose löste bei dem Großgrundeigner eine allergische Reaktion aus. Für ihn waren diese Leute rotes Pack und kommunistisches Gesindel. Er verweigerte die Herausgabe von Arzneien und Impfstoffen, die zur kostenlosen Verteilung vorgesehen waren und sich im Medikamentenlager stapelten. Er untersagte mir, Kranke auf eigene Verantwortung zu behandeln, obschon ich nicht ihm, sondern dem Gesundheitsministerium unterstand. Schließlich verbot Rodolfo seinen Angestellten, Schwester Idalina und mich zu unterstützen. Uns wunderte, dass der Coronel jede geplante Gesundheitsaktion bereits im Vorfeld sabotierte. Bis wir herausfanden, dass bei unseren Dienstgesprächen einer seiner Spitzel zuhörte. Als wir wussten, wer mit Dr. Rodolfo unter einer Decke steckte, redeten wir in seiner Gegenwart nur über Belanglosigkeiten und warteten ab, bis der Kerl verschwunden war. Künftig holten wir die nötigen Medikamente erst kurzfristig vom Gesundheitsposten ab, gaben irgendeinen unverfänglichen Verwendungszweck an und fuhren zu den Leuten, die dringend der Hilfe bedurften.

Allmählich wurde ich durch die Herumfahrerei mit Idalina und dem gelben Schrottkombi bekannt und fing an, mich um die allein gelassenen Leprapatienten zu kümmern. Neben Rodolfo arbeitete in den Gesundheitsposten von Rondonopolis ein junger Arzt namens Deocleciano, der einwilligte, sich einige schwere Leprafälle anzuschauen. Also packte ich meinen Kombi mit zehn Patienten voll und brachte sie ihm zur Untersuchung. Natürlich ging das dem Coronel mächtig gegen den Strich. Ich konnte machen, was ich wollte, an nichts ließ er ein gutes Haar. Als Rodolfo die Behandlungen endlich stillschweigend duldete und ich immer mehr Lepröse zur kostenlosen Untersuchung ankarrte, teilte mir Deocleciano mit: „Das mach ich nicht mehr mit. Du bringst mir keine Patienten mehr.“ Es wurde ihm schlichtweg zu viel Arbeit, die er unentgeltlich zu erledigen hatte. Die Zusammenarbeit mit Deoclecianos Kollegen, einem Arzt, der für die Laboranalysen verantwortlich war, erwies sich ebenfalls als unmöglich. Er hatte vor Lepra solch eine panische Angst, dass er mir alle Untersuchungen im Labor untersagte. „Ich will mich nicht anstecken“, sagte er immer wieder und verbot mir den Zugang zu den Laborgeräten, so dass ich gezwungen war, meine Analysen in den Häusern der Patienten vorzunehmen. Kurioserweise untersuchte ich nur zwei Wochen später seine Freundin, die ein hochgradig infektiöses und schwer lepromatöses Krankheitsbild aufwies. Aufgrund meiner Schweigepflicht durfte ich dem Arzt nichts davon erzählen, doch ich war mir sicher, dass die Chance, sich zu infizieren für ihn sehr hoch war. Es scheint mir noch heute eine Ironie des

Schicksals, dass ausgerechnet ein Arzt, der Diagnosen zur Früherkennung von Lepra verhinderte, möglicherweise das Opfer seiner eigenen Verbohrtheit wurde. Ob er sich tatsächlich bei seiner Freundin infiziert hat, weiß ich nicht, da er wenig später die Stadt Rondonopolis verließ.

Ich besaß damals ein amtliches Schreiben des Gesundheitsministeriums von Mato Grosso, das mir attestierte, dass ich im Regierungsauftrag als Entwicklungshelfer unterwegs war. Demnach sollten mir unterwegs alle medizinischen Dienste, die ich benötigte, von den lokalen Gesundheitseinrichtungen zur Verfügung gestellt werden. Meine Arbeit basierte auf einem Abkommen zwischen der Landesregierung, den Franziskanern und dem Deutschen Aussätzigenhilfswerk. In der Hauptstadt Cuiabá war Dr. Henrique de Aquino als Landeskoordinator für Leprafragen zuständig. Einmal im Monat fuhr ich zu ihm ins Gesundheitsministerium, um meinen Tätigkeitsbericht abzuliefern. Den zu schreiben war ich vertraglich verpflichtet. Und Coronel Rodolfo musste unterzeichnen. Henrique war ein älterer Arzt. Er mochte mich. Wenn ich ihn traf, begegnete er mir immer wohl gesonnen und freundschaftlich, fast wie einem Sohn. Ganz anders als Coronel Rodolfo, der mich loswerden wollte und dessen Wut auf mich mit jedem Tag wuchs. Das Verhältnis war irgendwann so zerrüttet, dass die Franziskaner ernsthaft um mein Leben besorgt waren. „Wir fürchten, der Coronel lässt dich umlegen", sagten sie mir, nachdem Rodolfo herumposaunt hatte, es sei an der Zeit, den Deutschen zu deportieren. Just als die Patres mir rieten, eine Weile unterzutauchen und aus Rondonopolis zu verschwinden, geschah etwas Merkwürdiges.

Rodolfo schlug plötzlich freundliche Töne an. Er bat mich in sein Büro und machte mir einen Vorschlag. „Manfredo, du brauchst nicht jeden Monat wegen deiner Berichte nach Cuiabá fahren. Ich erledige das für dich, wenn ich in die Hauptstadt muss. Dann hast du weniger Arbeit."

Das klang zu schön. Meine Alarmglocken läuteten. Ich schöpfte Verdacht. Irgendetwas führte Rodolfo im Schilde. Ich willigte dennoch ein, um mit meinem Misstrauen die Lage nicht zu verschärfen. Vorsorglich machte ich mir Kopien der unterzeichneten Berichte. Zwei Monate lang lief die Sache anscheinend reibungslos. Rodolfo fuhr des Öfteren nach Cuiabá und nahm dabei meine Dokumente mit. Bis ich nach drei Monaten einen Anruf erhielt. Der Landeskoordinator Dr. Henrique de Aquino war am Apparat. Von seinem vertrauten, väterlichen Wohlwollen war nichts mehr übrig. Knapp teilte er mir mit, ich hätte sofort im Ministerium zu erscheinen. Ich machte mich auf der Stelle auf den Weg in das drei Autostunden entfernte Cuiabá. Schroff bat mich Dr. Henrique in sein Büro.

Er kam sofort zur Sache. „Ich habe eine Beschwerde über dich vorliegen. Von Dr. Rodolfo de Oliveira. Sie ist auch an den Minister gegangen. Er teilt mit, du seiest ein fauler Hund, würdest deine Arbeit nicht erledigen und dich weigern, Berichte zu schreiben. Er bittet uns, dich nach Deutschland zurückzuschicken."

Bevor ich ein Wort herausbrachte, fuhr Dr. Henrique fort: „So haben wir uns die Zusammenarbeit mit der DAHW nicht vorgestellt. Pack deine Koffer und geh zurück nach Deutschland. Wir wollen dich hier nicht mehr."

Ich war stocksauer, und konnte in meinem Zorn nicht

mehr an mich halten. Ich sprang auf und knallte die Kopien auf den Tisch. „So. Hier sind die Berichte!“ Dann herrschte ich meinen Vorgesetzten an: „Und jetzt erklären Sie mir, was diese dreckigen Machenschaften gegen mich sollen? Was soll diese schmutzige Verleumdung? Der Coronel selber hat alle Berichte unterschrieben und wollte sie hier persönlich für mich abgeben.“

Einer höher gestellten Autorität zu widersprechen, selbst in höflicher Form, gilt unter Brasilianern vielfach noch heute als Todsünde. Doch Dr. Henrique las damals nur stumm meine Papiere und wurde kreidebleich. Dann sagte er: „Manfredo, Ruhe bewahren! Glaub mir, ich wusste das nicht. Selbstverständlich bleibst du hier. Ich rede mit dem Minister und stelle die Angelegenheit richtig. Deine Berichte sind gut. Und das nächste Mal bringst du sie selber wieder her. Am besten, Manfredo, wir vergessen die ganze Geschichte. „

„Nein“, entgegnete ich vehement, „so schnell ist die Sache nicht vergessen. So lasse ich nicht mit mir umspringen. Ich lasse mich von diesem Coronel nicht verleumden und fertigmachen.“

Henrique hob den Kopf und sprach ruhig: „Manfredo, wir leben noch in einer Militärdiktatur. Am besten, du bewahrst Ruhe. Vergiss die Sache und wir arbeiten weiter wie bisher zusammen.“

Danach brachte ich meine Berichte wieder selber nach Cuiabá. Als Coronel Rodolfo von meinen Kopien erfuhr, verschärfte sich unser Zerwürfnis. In dieser Zeit waren sich die Franziskanerbrüder sicher: „Der legt dich um.“ Das tat Rodolfo nicht. Stattdessen klopfte er zwei Jahre später an meine Tür, und ein neues Kapitel unserer gemeinsamen Geschichte sollte beginnen.

Helfer ohne Glauben

Lazaro und die Schönheitskönigin

Einer der wenigen, der sich vor dreißig Jahren im Norden Mato Grossos um das Schicksal der Leprösen kümmerte, war ein Japaner. Er war Franziskanerpriester und hieß Frei Domingos. Er erzählte mir eines Tages von einem Mann, der am Stadtrand von Rondonopolis hauste. Domingos bat mich, den armen Kerl zu besuchen und ihm zu helfen, da seine Verwandten ihn aus ihrer Mitte ausgestoßen hatten.

Ich fand den Mann in einer schäbigen Behausung, die derart von Sträuchern und Unkraut überwuchert war, dass man das Häuschen zuerst gar nicht sehen konnte. Mit dem Buschmesser kämpfte ich mich zu der Hütte durch, wobei ich eine Klapperschlange erschlagen musste. Ich betrat einen Raum von vier, höchstens fünf Quadratmetern, der mit einem Holzbrett verschlossen war. Der Schrecken traf mich ins Mark, als ich die Tür aufstieß. Da lag ein Gespenst. Der Mann hatte Klumpen anstelle von Händen und Klumpen anstelle von Füßen. Seine glasigtrüben Augen waren nahezu blind, die Nase eingefallen und abgestorben. Seine Haut war mit Krätze übersät, und seine offenen Wunden stanken entsetzlich. Er lag auf einem Lattengestell und bebte am ganzen Leib. Der Mann hatte panische Angst. Er war schon oft von umherstreunenden Banditen überfallen worden. Nicht weil es etwas zu stehlen gab, sondern weil sie den Alten zum Spaß schikanierten. Nun fürchtete er sich vor mir.

„Hab keine Angst." Ich hockte mich zu ihm. „Ich will dir helfen. Ich werde dich jetzt untersuchen."

Ich prüfte die Sehkraft seiner Augen, deren Lider gelähmt waren, tastete ihn ab auf Nervenentzündungen und suchte an Händen und Füßen nach Wunden. Dabei weinte er. Er weinte, weil ihn seit Jahren niemand mehr angefasst hatte. Er war ein Mensch, den niemand mehr berührte. Nur einmal am Tag kam die Enkeltochter vorbei und stellte ihm einen Teller Reis mit Bohnen vor die Hütte. Aber er durfte die Tür erst öffnen, wenn sie wieder verschwunden war. Dann kroch der Mann auf allen Vieren heran und aß. Auch für seine Notdurft kroch er nach draußen. Wie ein Hund. Ich war entsetzt, dass man einen Menschen unter solch unwürdigen Bedingungen vor sich hin vegetieren ließ. Sein Name, so erfuhr ich, war Lazaro, wie der Aussätzige im Neuen Testament. Ich versprach ihm, Hilfe zu holen und wieder zu kommen.

Die pastoral sehr rührigen Franziskaner unterhielten in der Pfarrgemeinde vom Heiligen Herzen Jesu eine Jugendgruppe, etwa sechzig Jungen und Mädchen, die sich regelmäßig trafen und zu denen ich an den Wochenenden immer einen guten Kontakt hatte. Ich erzählte ihnen von Lazaro. Ihre positive Reaktion überraschte mich. Damit hatte ich niemals gerechnet. Schließlich stammten viele aus gutbürgerlichen und wohlhabenden Familien in Rondonopolis. Sie fragen nur: „Manfredo, können wir etwas tun?"

„Ja. Ihr könnt helfen. Räumt das Grundstück auf. Macht sauber und weißelt Lazaros Hütte." Am folgenden Wochenende zogen dreißig Jugendliche mit Werkzeugen los und starteten mit viel Begeisterung eine ausgiebige Putzaktion. Sie rodeten das Gestrüpp, brachten Ordnung in das Haus und strichen an. Ich hatte Verbandmaterial mitgebracht um Lazaros Wunden zu behandeln. Einige Eltern standen dem Engagement skeptisch, gar ablehnend gegenüber. Es war die altbekannte Furcht, ihre Kinder könnten sich mit Lepra infizieren. Doch die Jugendlichen blieben stur und begannen, ihre Eltern zu überzeugen und zu begeistern. Die Einstellung der Erwachsenen wandelte sich.

Während die Jugendlichen für Lazaro ein Maniokfeld anlegten, fingen die Eltern an, abwechselnd für ihn zu kochen. Zweimal täglich schaute jemand vorbei, um ihm eine anständige Mahlzeit zu bringen. Sie halfen ihm, den Löffel zum Mund zu führen, damit er nicht mehr wie ein Tier essen musste. Dann erfuhr der lokale Rundfunksender „Radio Clube" von der Geschichte. Ein Reporter besuchte Lazaro und sendete einen Bericht über die Aktivitäten der Kinder. Fortan wurde jeden Tag speziell für Lazaro ein Lied im Radio gespielt, woraufhin man dem alten Mann zu seiner riesigen Freude ein kleines Kofferradio schenkte.

Unter den jungen Leuten taten sich besonders zwei Mädchen hervor, zwei Gymnasiastinnen namens Silvia und Viviane. Beide kamen aus reichen Elternhäusern. Sie sprachen mich an und erzählten, sie würden gern nachmittags in ihrer Freizeit Leprakranke betreuen, ihnen Medikamente bringen und Verbände machen. Ich kaufte den beiden Siebzehnjährigen aus meinem Etat ein Mofa und sie fuhren los. Jeden Tag. Ständig waren sie unterwegs und besuchten Kranke. Eine der beiden, Silvia, war sehr hübsch. Sie war Miss Rondonopolis, die Schönheitskönigin der Stadt. Eines Tages interviewte sie ein Fernsehjournalist und fragte nach dem Grund ihres unermüdlichen Einsatzes: „Hast du keine Angst dich anzustecken? Weiß du nicht, dass die Lepra dich entstellen und deine Schönheit zerstören kann?"

Silvias Bekenntnis im öffentlichen Fernsehen schlug in der Bevölkerung ein wie eine Bombe. „Nein, ich habe keine

Angst. Wenn Manfredo den Mut hat, seine Heimat zu verlassen und zu uns zu kommen, um den Leprakranken zu helfen, dann müssen auch wir diesen Mut aufbringen, anstatt uns zu verstecken."

Der Mut dieser jungen Frau beeindruckte und bewegte die Menschen tief. Sie fingen an, über die unmenschliche Situation der Leprösen nachzudenken. Und sie forderten Veränderungen. Danach durften die Kranken in die Stadt kommen. Sie konnten den Gesundheitsposten aufsuchen, wurden nicht mehr von der Polizei verhaftet, und niemand jagte sie fort. Das war der Verdienst der katholischen Jugendgruppe, ihrer Eltern und Silvia, der schönen und furchtlosen Miss Rondonopolis.

Lepra: ein Wort verschwindet, das Stigma bleibt

Im November 1979 waren dem städtischen Gesundheitsamt in Rondonopolis nur 255 Leprafälle bekannt. In ganz Mato Grosso zählte man 4000 registrierte Patienten. Realistische Schätzungen gingen damals jedoch von rund 10.000 Erkrankten aus. Viele versteckten ihr Leid. Aus Scham und aus Angst vor den sozialen Konsequenzen. Mit Humanität hatte ihre Behandlung durch die örtlichen Ärzte wenig zu tun. Der hippokratische Eid galt für normale Kranke. Nicht für Lepröse. Isoliert und herausgeschleudert aus jeglicher Gemeinschaft lebten die meisten in elenden und unmenschlichen Zuständen. Ihr Anblick rief Furcht und Schrecken hervor. Bestenfalls Mitleid. Horrorgeschichten, unsägliche Spielfilme mit entstellten Kreaturen, ja sogar biblische Texte trugen dazu bei, dass sich das Stigma des Aussatzes hartnäckig in den Köpfen der Menschen festsetzte. Um der Ächtung entgegen zu wirken, erging zu Beginn der siebziger Jahre aus dem brasilianischen Gesundheitsministerium ein Erlass. Es durfte nicht mehr von Lepra gesprochen werden. Weil der bloße Name massive Ängste auslöste, wurde das Wort aus dem medizinischen Wortschatz gestrichen und durch die Bezeichnung „Hanseniase" ersetzt. Der neue Name sollte die Akzeptanz der Krankheit in der Bevölkerung erhöhen. Einige Mediziner forderten damals sogar, das Wort Lepra auch aus der Bibel zu entfernen. Der hebräische Begriff „Tsaraath" decke sich keineswegs mit dem heutigen Verständnis von Lepra, sondern stehe für alle möglichen Verunreinigungen der Haut. Für dermatologische Erkrankungen wie Pilzinfektionen, Allergien oder Geschwüre, aber auch für verschmutzte Kleidungsstücke, die dringend einer Reinigung bedurften. Einige Lepraexperten gingen sogar soweit, dass sie das Deutsche Aussätzigenhilfswerk aufforderten, seinen Namen zu ändern. Zumindest auf dem Papier sollte ein Leprapatient kein Aussätziger mehr sein, sondern jemand, der an den Folgen einer ganz normalen Infektionskrankheit leidet. Jedenfalls spricht man in Brasilien seit Jahrzehnten nur noch von der Hanseniase, benannt nach dem norwegischen Arzt Henrik Hansen, der 1873 das Leprabakterium entdeckte. Die Verwendung des Wortes Lepra hingegen steht bis heute für Ärzte unter Strafe.

Wäre die Lepra tatsächlich bloß eine Infektionskrankheit, könnte man viel leichter damit umgehen. Mit den zu Beginn der vierziger Jahre eingeführten Sulfonpräparaten und mit modernen Antibiotika ist die Krankheit längst heilbar. Trotzdem weisen viele Patienten Deformierungen an Händen und Füßen, an Ohren und Nase auf. Viele erblinden. Warum?

Das Mycobacterium Leprae befällt die peripheren Nerven, was zu einem Sensibilitätsausfall führt. Gefühllose helle Hautflecken und gefühllose Hände und Füße sind die ersten Symptome. Der Bakterienbefall tritt typischerweise dort auf, wo ein Nerv nahe unter der Hautoberfläche liegt. Die Folge der Nervenschädigung sind Lähmungen, die wiederum zu der gefürchteten Krallen- und Fallhand oder einem unkontrollierbaren Fallfuß führen. Erschwerend kommt hinzu: Bei gefühlstauben Händen oder Füßen ist das Schmerzempfinden ausgeschaltet. Das Warnsystem Schmerz funktioniert nicht mehr. Verletzungen durch Schnitte, Stiche oder Verbrennungen werden nicht wahrgenommen und daher oft viel zu spät behandelt. In den Häusern der Armen sind offenes Feuer, heiße Kochtöpfe oder herumliegende Glasscherben ein ständiger Gefahrenherd. Die Konsequenzen der Verletzungen sind dramatisch. Schwere Wundinfektionen, nicht heilende Geschwüre oder gar Knocheneiterungen bewirken Verstümmelungen, bis zum Absterben und dem Verlust der Extremitäten. Besteht eine Anästhesie der Hornhaut oder eine Lähmung des Augenschließmuskels, droht die Erblindung. Das Auge produziert zwar noch Tränenflüssigkeit, doch ohne den schützenden Wimpernschlag trocknet es aus.

Sind die Nerven durch die Erreger bereits irreparabel zerstört, können oft nur aufwändige und auch kostspielige chirurgische Operationen schwerste Behinderungen und drohende Invalidität abwenden. Um diese Schäden zu verhindern, war ich nach Rondonopolis gekommen. Das Entwicklungsprogramm der DAHW und der Regierung von Mato Grosso umfasste drei Aufgabenfelder. Erstens galt es, durch Präventivmaßnahmen, Reihenuntersuchungen und durch Aufklärungskampagnen neue Fälle schon frühzeitig ausfindig zu machen. Zweitens sollten die Patienten behandelt und gesellschaftlich rehabilitiert werden, zumal ein Leprapatient sofort seinen Arbeitsplatz verlor und nicht den Hauch einer Chance hatte, einen neuen zu finden. Schließlich waren alle Kontaktpersonen der Erkrankten zu untersuchen. Da vor allem die Schleimhäute der Nase und des Mundes von Erregern befallen werden, ist die Ansteckungsgefahr von Ehepartnern, Kindern, Verwandten und engen Freunden am größten. Die Wahrscheinlichkeit einer Tröpfcheninfektion ist bei einem Ehemann oder einer Ehefrau mit etwa zehn Prozent zwar nicht allzu hoch, aber nicht ausgeschlossen. Der weitaus größte Teil der Menschheit, besonders in den wohlhabenden Ländern, ist längst gegen das Mycobacterium immun. Die ärmsten Bevölkerungsschichten in Indien, Afrika oder im Mato Grosso jedoch nicht. Schwache Abwehrkräfte, Mangel an Vitaminen, schlechte Ernährung, katastrophale Hygiene und beengte Wohnverhältnisse machen die Armen zu idealen Empfängern und Verbreitern der Leprabazillen. Ausschlaggebend für den Erfolg der Heilung ist der Zeitpunkt, an dem die Behandlung beginnt. Je früher die Medikamententherapie einsetzt, desto besser. Bei dem Goldgräber Raimundo begann sie spät. Sehr spät.

Gott wird mich einst fragen

Meine Arbeit mit den Leprösen hatte sich herumgesprochen, als mich jemand im Pfarrhaus bei den Franziskanern aufsuchte. Er erzählte von einem Garimpeiro, einem Goldsucher namens Raimundo, der in einem wirklich üblen Zustand sei, und fragte, ob ich helfen könne. Die betroffene Familie habe kein Geld für einen Arzt und ich sei ihre letzte Hoffnung. Ich fuhr sofort zu der Hütte außerhalb der Stadt. Man hatte den Mann auf eine Decke auf den nackten Boden gelegt, wo er in tiefem Koma döste. Sein linker Fuß war ein unförmiges vereitertes Stück Fleisch, aus dem die Würmer krochen. Der Mann verfaulte bei lebendigem Leib. Um ihn herum standen abgebrannte Kerzen und leere Schnapsflaschen, untrügliche Indizien, dass die Familie zuvor versucht hatte, ihn mit Macumba-Ritualen und Geisterbeschwörungen zu heilen. Der Gestank war bestialisch. Ich rannte aus der Hütte und musste mich minutenlang übergeben. Ein zweiter Versuch, mir den Mann anzuschauen, endete genauso. Ich schüttelte nur den Kopf und sagte den Familienmitgliedern: „Es tut mir leid. Aber in diesem Fall können wir nichts machen. Raimundo wird sterben. Bereitet euch auf seinen Tod vor."

Ich fuhr zurück, doch der Eindruck war so stark, dass mir der Goldgräber nicht aus dem Kopf ging. Nachts fand ich keine Ruhe. Ein und derselbe Gedanke quälte mich und raubte mir den Schlaf: „Warum bist du vor diesem Mann geflohen? Du bist doch gekommen, den Menschen zu helfen. Gott wird dich eines Tages nach diesem Menschen fragen."

Den letzten Satz wollte ich verdrängen. Wollte ihn nicht wahrhaben. „Ich glaube doch gar nicht an Gott." Das versuchte ich mir einzureden. „Ich glaube nicht an Gott." Zugleich meldete sich eine andere Stimme. „Du bist ein Feigling. Bei der ersten Gelegenheit, bei der man dich ruft, fliehst du." So ging es die ganze Nacht. Ich habe mich im Bett gewälzt und mit mir gekämpft. Ich war total gerädert. Morgens um sechs stand ich auf und packte mein Verbandszeug zusammen. Ich konnte es nicht erwarten, Raimundo wieder zu sehen. Doch es war nicht Mitleid, das mich trieb. Es waren die Angst und das Erschrecken. Ich glaubte nicht mehr an Gott. „Aber was ist, wenn er doch existiert und mich irgendwann tatsächlich nach diesem Goldgräber fragt? Wie stehe ich dann da?" Das war mein Konflikt. Und das war mein Motiv, mich erneut auf den Weg zu machen. Um ehrlich zu sein, ich hatte Sorgen um diesen Menschen, doch noch mehr Angst um mein eigenes Seelenheil.

Die Familie war ganz durcheinander, als ich wieder auftauchte. Ich machte mich daran, Raimundos Wunden zu waschen und zog die Würmer mit einer Pinzette heraus. Fünf, sechs Mal stürzte ich nach draußen, um mich zu erbrechen. Anschließend habe ich ihn verbunden. Er lag noch immer im Koma. Ich teilte der Familie mit, um Raimundos Leben zu retten, müsse er auf der Stelle mit einem Krankenwagen nach Campo Grande gebracht werden. In das 500 Kilometer entfernte Hospital des Leprosariums Sao Juliao. Ich fuhr in die Stadt, erklärte der Verwaltung von Rondonopolis die Notlage und prompt wurde ein Wagen mit Fahrer zur Verfügung gestellt. Der Chauffeur holte Raimundo ab. Ich gab dem Fahrer noch Geld für Benzin und Verpflegung für die weite Fahrt, dann fuhr er los. Nach einer halben Stunde kam der Krankenwagen zurück. „Den transportiere ich nicht“, stöhnte der Fahrer. „Er stinkt fürchterlich. Dauernd muss ich anhalten und mich übergeben. Ich weigere mich, diesen Mann zu transportieren.“

Ich bot alle Überredungskunst auf und legte ein zusätzliches Tagegeld drauf, um den Mann doch noch zu der lebensrettenden Fahrt zu bewegen. Außerdem kaufte ich ihm in einer Drogerie eine Dose Duftspray. Das sprühte er sich unter die Nase. Mit dem parfümierten Krankenwagen machte er sich doch noch auf den Weg. Er erreichte das Krankenhaus der italienischen Salesianerinnen am Abend, lieferte den Patienten ab und fuhr wieder zurück. Am nächsten Morgen erhielt ich einen Anruf aus Sao Juliao. Die zuständige Krankenschwester war völlig erbost.

„Was soll das?“, schimpfte sie mich aus. „Warum schickst du uns einen solchen Patienten? Er stinkt wie die Pest. Die ganze Mannschaft hier muss sich übergeben. So einen hoffnungslosen Fall hatten wir noch nie. Lern gefälligst, uns solche Fälle nicht mehr nach Sao Juliao zu schicken. Was sollen wir mit ihnen? Hier sterben sie bloß. Und dann dürfen wir die Leichen zurücktransportieren."

Ich war frustriert. Ich hatte versucht Raimundo zu helfen, hatte versucht einen todgeweihten Menschen zu retten. Wenn auch nur um meines eigenen Seelenfriedens willen. „Gott wird dich eines Tages nach diesem Menschen fragen." So ein Blödsinn! Gott wird mich gar nichts fragen. Vor allem wird er nicht nach einem Menschen fragen, der sowieso sterben muss. Was hatte ich mir bloß eingeredet? Alles Einbildung! Dumme Hirngespinste. Und obendrein noch der Ärger mit den Leuten in Sao Juliao! Nun gut. Ich beruhigte mich schließlich. Ich hatte getan, was ich für richtig hielt, was in meinen Augen getan werden musste. Nicht mehr und nicht weniger. Und niemand hatte mir etwas vorzuwerfen. Basta! Ich vergaß Raimundo.

Ein halbes Jahr später, ich saß in Coronel Rodolfos Gesundheitsposten, holte mich ein Mitarbeiter aus einer Besprechung. „Manfredo, draußen steht jemand und fragt nach dir." Ich trat vor die Tür. Ich kannte den Mann nicht. „Was gibt es?" Er schaute mich lange an und grinste. „Wahrscheinlich bist du dir nicht bewusst, was du für mich getan hast. Du hast mir ein neues Leben geschenkt. Ich will mich bei dir bedanken. Ohne dich wäre ich heute tot."

Raimundo war mit einer Prothese gekommen. Man hatte ihm in Sao Juliao das Bein amputieren müssen. Doch er strahlte. Seine Familie fiel mir vor Dankbarkeit um den Hals, weil ich den Kindern den Vater zurückgegeben hatte.

Ich war nur noch verlegen. Ich Feigling! Ich hätte diesen Mann fast liegen lassen. Schließlich hatte ich bei seinem Anblick die Flucht ergriffen. Ich hatte keinen Grund, mir irgendetwas einzubilden. „Mannomann", durchfuhr es mich,

„stell dir vor, du hättest diesen Menschen allein gelassen. Er wäre gestorben." Ich hatte großes Glück gehabt.

Raimundo lebte noch jahrelang mit seinem amputierten Fuß. Er wusch sogar wieder Gold und lebte für seinen Traum, vielleicht eines Tages ein gemachter Mann zu sein. Mir hatte seine Geschichte eine Lehre für mein Leben erteilt. „Lass nie mehr einen Menschen liegen. Gib nie jemanden auf. Und wenn du gerufen wirst, hol das Letzte aus dir heraus."

Der Schock der Armut

Was Armut ist, davon hatte ich keine Ahnung, als ich nach Brasilien kam. Natürlich hatte ich Bücher gelesen, hatte mir Fernsehberichte angeschaut und einen sechswöchigen Intensivkurs über Politik, Kultur und Probleme der Dritten Welt absolviert. Statistiken, Zahlen und Daten waren mir vertraut. Ich wusste, 1970 mussten sich fünfzig Prozent der Brasilianer mit 14,9 Prozent des Nationaleinkommens begnügen, während eine Minderheit von fünf Prozent über ein Drittel des Einkommens einstrich. Die Zahlen sollten sich unter den Militärs noch weiter zu Ungunsten der einfachen Leute verschieben. 1980 blieben der Hälfte der Bevölkerung nur noch zehn Prozent des nationalen Nettoeinkommens. Ich wusste bei meinem Abflug aus Deutschland, dass ich in einem Land arbeiten würde, in dem die Schere zwischen Armut und teils obszönem Reichtum immer weiter auseinander klaffte. Mir war bekannt, dass der Durchschnittsverdienst eines Arbeiters damals 130 Prozent unter dem Niveau von 1959 lag und das 77 von 120 Millionen Brasilianern nicht über das Ernährungsminimum verfügten. Selbst in der entwickelten Region Groß-Sao Paulo war über die Hälfte der Menschen unterernährt.

Gerade mal 16 Prozent des bebaubaren Landes waren kultiviert. Der Rest war eingezäunt, in privatem Besitz. Doch es geschah nichts. Das Land lag brach. Im verarmten Nordosten war der Ernährungsstandard sogar niedriger als zur Zeit der Sklaverei hundert Jahre zuvor. 15 Millionen Kinder litten in Brasilien an Hunger, zehn Millionen lebten verlassen, ohne Eltern. Und ich wusste auch, jedes Jahr starben 280.000 Kinder vor ihrem ersten Geburtstag. Das sind 170 von 1000 Kindern. Damit stand Brasilien in der Statistik Lateinamerikas an zweiter Stelle, hinter Haiti.

Welche Wirklichkeit sich hinter all diesen Zahlen verbarg, erfuhr ich schon kurz nach meiner Ankunft in Campo Grande. Die Krankenschwester Mechthild Weber, besagte Mecki, die zurück nach Deutschland gehen würde, nahm mich auf ihren Touren mit. Die trostlosen Hütten der Menschen am Rand der Großstadt schockierten mich zutiefst. Familien mit acht Kindern oder mehr drängten sich in einem Raum. Betten gab es nicht. Man schlief auf dem nackten Lehmboden. Zwei, drei Kinder zwängten sich in eine Hängematte. Es gab eine primitive Kochstelle auf offenem Holzfeuer. Die Töpfe waren fast immer leer. Gegessen wurde alle zwei Tage, Reis und Bohnen. Trotz der kalten Jahreszeit rannten die Kinder halbnackt herum. Sie husteten, erkrankten an Grippe, Bronchitis oder Lungenentzündungen. Niemand hatte hier eine Krankenversicherung, geschweige denn Geld für einen Arzt. Manche Kinder starben, nur weil ihnen die medizinische Versorgung fehlte. Der Kontrast zu Europa machte mir zu schaffen. „Wie gehen wir in Deutschland mit unserem Reichtum um? Wie unzufrieden sind wir?“ Wir haben Krankenkassen, Renten, Altersvorsorge, Lebensversicherungen. Und 14.000 Kilometer entfernt stirbt ein Kind in einer Hütte, weil es kein Recht auf Krankenversorgung hat.

Gerade einmal drei Nächte hatte ich in meiner kargen Klause bei den Salesianerinnen in Sao Juliao verbracht, als ich die erste Beerdigung in Brasilien erlebte. Der Onkel von Augusta, einer Mitarbeiterin des Leprosariums, war gestorben. Wir zogen mit den Angehörigen und dem Sarg auf ein weites, ausgedehntes Feld. Vier Totengräber machten sich sofort daran, ein Loch auszuheben. Der Sargdeckel wurde noch einmal angehoben, man warf einen letzten Blick auf den Verstorbenen und sprach ein kurzes Gebet. Dann senkte man den Sarg in die Erde und schaufelte das Loch zu. Ich kannte nur Beerdigungen auf katholischen Friedhöfen in Deutschland. Und jetzt? Keine Trauerzeremonie, kein Priester, kein bewegendes Wort. „So verscharrt man Hunde", dachte ich „aber keine Menschen, die ihr Leben lang um die tägliche Mahlzeit kämpfen." Ich schaute mich um. Überall ragten primitive Holzkreuze aus dem Feld. Ohne Namen. Ich weinte. Ich fühlte mich verloren wie auf einem Schlachtfeld.

Die Armen sind gut, die Reichen sind schlecht

Meine Tage in Sao Juliao begannen morgens um sechs. Mit Weißbrot, Margarine und Marmelade. Jeden Tag. Nach dem Frühstück holte mich Mecki mit ihrem Wagen ab, um mir einen Einblick in den ambulanten Lepradienst zu vermitteln. Schwester Silvia, die Direktorin des Leprosariums, war von der Idee der Betreuung vor Ort nicht sonderlich erbaut. Wenn ich die Kranken in ihrem sozialen Umfeld ließ und sie nicht nach Sao Juliao überwies, fehlten ihr Patienten. Damit stand das Konzept ihres Leprosariums in Frage.

Einmal musste ich mit Mecki einen geistig verwirrten Patienten in die örtliche Nervenklinik einliefern. Ein weiterer

Schock. Ich stand vor einem Gefängnis, verriegelt mit schweren Eisengittern. Vor den Toren der Anstalt sah ich einen jungen Mann. Ein Geisteskranker. Seine Arme waren auf dem Rücken gefesselt und er trug einen Strick um den Hals. Daran zog man ihn durch die Gegend, wie ein Stück Vieh. Was zählte hier ein Menschenleben?

Noch am selben Tag wurde ich zum Abendessen eingeladen. Von einer sehr wohlhabenden Familie, die eine soziale Ader hatte und die Arbeit der Krankenschwestern unterstützte. Ich saß in einer traumhaften Luxusvilla und ein fürstliches Essen wurde aufgetischt. Als Aperitif reichte man echten französischen Cognac. Ich bekam kaum einen Bissen runter. In mir rebellierte alles. Eine unwahrscheinliche Wut kochte hoch. Wut auf das reiche Europa, Wut auf diese reichen Typen, mit denen ich zusammen saß und mit denen ich aus Höflichkeit mittrank. „Alle Menschen sind gleich! Alle sind Schwestern und Brüder! Nein! Alles nur fromme Sprüche. Wo ist denn die Gerechtigkeit? Was macht denn die reiche Kirche? Was macht der Papst? Was macht Gott? Warum lässt er dieses himmelschreiende Unrecht zu? Die Not und das Elend und all diesen protzigen Luxus?“ Die Kluft zwischen Arm und Reich musste verschwinden. Daran zu arbeiten, das war meine Mission.

An diesem Abend noch setzte ich mich in mein ödes Zimmer und schrieb. Ein wütendes und zorniges Gedicht. Irgendwie musste ich meine Aufgewühltheit schließlich zum Ausdruck bringen. Meine ganze Abneigung gegen die satten Spießbürger in Deutschland musste heraus. Leute, die sich mit Sauerkraut, Schweinebraten und Weißbier den Bauch voll schlugen, während im Fernseher die Nachrichtenbilder von Krieg und Elend gezeigt wurden. Das Gedicht wurde dann in meinem ersten Weihnachtsbrief veröffentlicht, den ich an Freunde und Bekannte in Deutschland schickte. Einige reagierten erbost. Sie fühlten sich beleidigt. Heute kann ich diese Menschen gut verstehen. Aber damals, als meine Ansichten durch die Erfahrungen mit der Armut immer radikaler wurden, hatte ich dafür kein Verständnis. In Deutschland hörte man von der Armut in der Dritten Welt, ich aber erlebte sie jeden Tag.

In Rondonopolis suchte und fand ich Kreise, die meine Auffassungen teilten. Ich freundete mich mit radikalen Theologen an, die politisch dachten und handelten. Unsere schlichte Wahrheit lautete: „Die Armen sind die Guten, die Reichen die Schlechten." Sie waren die Sünder. Die Besitzverhältnisse waren es, die die Strukturen der Armut überhaupt erst verursachten. Die Reichen waren verantwortlich für das Unrecht in der Welt. Niemals würden sie ihren Besitz abgeben. Niemals würden sie freiwillig teilen. Man musste ihnen ihr Geld wegnehmen. Egal wie. Die Reichen mussten bekämpft werden. Und mit ihnen auch die Kirche. Davon war ich lange Jahre felsenfest überzeugt. Die Revolution, der Klassenkampf auf der Seite der Unterdrückten, der gerechte Sozialismus, darum kreisten meine Gedanken. Meine Jugendjahre als Ministrant im bayrischen Rebdorf und der Wunsch, einmal Priester zu werden, waren mir unendlich fremd geworden.

Befreiung: ohne Kirche, ohne Priester, ohne Gott

In den achtziger Jahren gewann ich den Eindruck, als teile sich die katholische Kirche in zwei Strömungen. Ich sage das nicht als Theologe. Dazu fehlt mir die fachliche Kompetenz. Ich versuche lediglich zu verstehen, was ich einst in Mato Grosso gesehen und erlebt, gefühlt und gedacht habe. Auf der einen Seite begegneten mir die christlichen Charismatiker. Es waren Gläubige, die sehr stark den spirituellen, den geistlichen Aspekt des Glaubens betonten. Sie besuchten häufig die Messe, versanken in Kontemplation und beteten viel. Überall sahen sie das Wirken Gottes, aber für die soziale Wirklichkeit waren sie blind. Andererseits gab es starke Gruppen, die ihr Christsein ausschließlich als Kampf für soziale Gerechtigkeit verstanden. Kirche, Papst und Vatikan waren für sie nur Anlass zu beißender Kritik. Diese Leute übten eine starke Anziehungskraft auf mich aus. Ich schloss mich ihnen an. Ich war kein fanatischer Anhänger einer durchdachten sozialrevolutionären Theorie. Und auch kein geschulter Ideologe. Ich war Entwicklungshelfer. Jemand, der jeden Tag hautnah Erfahrungen mit der brutalen Seite der Armut machte. Jemand, den die Gleichgültigkeit der Reichen zur Weißglut trieb und dem die kalte und menschenverachtende Seite der Macht zutiefst zuwider war. Und ich war ein Weltverbesserer, der seine Ohnmacht spürte.

„Bete und arbeite." Dieser Spruch hing früher in vielen bayrischen Wohnstuben. Für mich galt das Sprichwort nicht. Oder besser gesagt, nicht mehr. „Arbeiten, ja. Beten, nein." Lange Jahre vermochte ich nur in diesen Extremen zu denken. Vielleicht gab es ja einen Weg, beides miteinander zu versöhnen. In Rondonopolis jedoch wollte und konnte ich diesen Weg nicht sehen, obschon ich tagtäglich mit Pfarrern und Ordensleuten zu tun hatte.

Sie luden mich ein, wenn sie zu den zahlreichen Kapellen hinausfuhren, um mit den Gläubigen in den entlegenen Siedlungen die Messe zu feiern. Ich fuhr immer mit. Aber aus einem anderen Grund. Die Fahrten zu den Kirchen verschafften mir die Möglichkeit, an die Leute heranzukommen und sie nach der Messe auf Lepra zu untersuchen und zu behandeln. Die Priester begrüßten meine Tätigkeit. Sie halfen mir. Egal, ob sie nun radikal politisch oder eher traditionell eingestellt waren. Trotzdem: Gerade letztere stieß ich heftig vor den Kopf. Während sie die heilige Messe zelebrierten, legte ich mich draußen in eine Hängematte, rauchte eine Zigarette und schlief. Manchmal dauerte mir alles zu lange. „Könnt Ihr euch nicht beeilen. Könnt ihr nicht schneller predigen", murrte ich dann. „Ich habe schließlich Wichtigeres zu tun, als auf euch zu warten."

Ich provozierte. Wenn sich eine Gelegenheit bot, die Katholiken herauszufordern, dann forderte ich sie heraus. Ich erinnere mich an einen Karfreitag, ich wohnte noch bei den deutschen Franziskanern in Rondonopolis, als Priester und Ordensleute zum Gottesdienst in die Kirche zogen. Selbst der Bischof war erschienen. Ich kam gerade aus dem Pfarrhaus heraus, als sie mich ansprachen: „Manfredo, willst du nicht wenigstens am Karfreitag in die Kirche gehen?" Meine Antwort entsetzte sie. „Ich habe Besseres vor. Ich gehe Churrasco essen." Sich am Tag der Kreuzigung des Herrn in einer Churrascaria riesige Mengen Grillfleisch zu genehmigen, das war schon eine schlimme Provokation. Und ich sagte auch noch: „Geht ihr ruhig in die Kirche. Ihr habt es nötig." Ich jedenfalls ging mit meinen Leuten auf ein Fest, wo Churrasco serviert wurde.

Unter meinesgleichen, den vehementen Kritikern der Kirche, fühlte ich mich besser aufgehoben als bei den Leuten, die ich als konservative Betbrüder beschimpfte. Weil sie in meinen Augen jede soziale Veränderung blockierten. Sie predigten einen Gott, der alles beim Alten ließ. Reich bleibt reich, und arm bleibt arm. Da waren die Befreiungstheologen anders. Einige diskutierten nur die Revolution. Viele proklamierten jedoch nicht nur eine Option für die Armen, sondern standen tagtäglich an deren Seite. Sie arbeiteten in Hausbau-

und in Bildungsprojekten, kämpften für eine Landreform, organisierten Land für mittellose Migranten, kümmerten sich um juristischen Rechtsbeistand oder engagierten sich in der Gesundheitsfürsorge. Es gab eine Reihe sehr guter Aktivitäten. Die waren jedoch nie Selbstzweck, sondern immer mit der Agitation der Menschen verbunden. Mit der Propaganda für den Klassenkampf. Gegen die Besitzenden und für den Sozialismus. Erst in späteren Jahren verstand ich, wie sehr ich manch einem der frommen Priester Unrecht tat. In ihren Gemeinden leisteten sie oft ein immenses Pensum an aufreibender sozialer Arbeit. Nur hängten sie dies nicht an die große Glocke.

Bei den deutschen Franziskanern in Rondonopolis wohnten auch zwanzig, dreißig Seminaristen. Da die angehenden Kleriker streng zölibatär und diszipliniert nach den Regeln der Kirche lebten, blieben Spannungen nicht aus. Irgendwann war der Punkt erreicht, dass sie sich heftig über mich beschwerten: „Manfredo gibt für alle ein schlechtes Beispiel ab. Dauernd wettert er gegen Kirche, Papst und Vatikan." Einige Franziskanerobere aus Mato Grosso sahen sich schließlich genötigt, Maßnahmen zu fordern: „So geht das nicht weiter. Es muss etwas passieren." Kurzum: Ich sollte weg aus der Gemeinde Sagrado Coração de Jesus.

Doch wie so oft in den konfliktreichsten Momenten meines Lebens stellte sich jemand vor mich. Dieses Mal niemand anderes als Frei Octaviano. Der deutsche Franziskaner nahm mich in Schutz: „Manfredo bleibt. Punkt. Seht die gute Arbeit, die er leistet. Lasst ihn gewähren und lasst ihm seine Freiheit. Was den Glauben angeht, da ist nichts zu machen. Er ist und bleibt ein hoffnungsloser Fall." Letzteren Satz kannte ich bereits. Ich hatte ihn in meiner Jugend des Öfteren aus dem Mund von Leopold Kapa, dem Direktor der Rebdorfer Knabenrealschule gehört. Doch noch nie war dieser Satz mit so viel Wohlwollen ausgesprochen worden wie von dem begnadeten Schimpfer Frei Octaviano.

Gewiss, Toleranz ist eine wichtige Haltung; es brauchte jedoch Jahre, bis mich eine Erfahrung nachdenklich machte. Alle die Menschen, denen ich selbst so kritisch und ablehnend gegenübertrat, erwiesen sich mir gegenüber weitaus toleranter als ich ihnen begegnete. Viele Priester unterstützten mich, nahmen mich mit in ihre Gemeinden und lobten meine Arbeit als Leprahelfer. Ich brachte sie natürlich in Erklärungsnöte, wenn Gemeindemitglieder nach der Messe fragten, warum Manfredo lieber in einer Hängematte schlief, anstatt mit ihnen gemeinsam zu beten und das Abendmahl zu feiern. Mich dennoch so zu akzeptieren, wie ich nun mal war, mich sogar zu verteidigen, kostete manchen Pfarrer schon einige Überwindung. Heute rechne ich es ihnen hoch an, dass sie diese Geduld aufbrachten.

Erwähnen möchte ich die Gebrüder Henning. Hans, Gerhard und Mario sind alle drei Pfarrer und stammen aus Fulda. Seit vierzig Jahren leben sie als Missionare in Brasilien, in Juscimeira, einer etwas entlegeneren Stadt zwischen Rondonopolis und der Hauptstadt von Mato Grosso, Cuiabá. Zwei der Brüder waren einst aus der alten DDR geflohen, weil sie die Unfreiheit nicht ertragen wollten. Und auch mich hielten sie für einen radikalen Kommunisten, aber niemals warfen sie mir vor, Gegner der Kirche zu sein. Im Gegenteil. Immer wieder luden sie mich ein. Sie öffneten meiner Lepraarbeit Tür und Tor und nahmen mich mit in ihre Pfarreien, um dort Gesundheitskampagnen durchzuführen. Nie fiel von einem der Brüder mir gegenüber ein feindseliges Wort. Sie respektierten mich ohne Einschränkung, lange bevor auch ich ihnen mit der nötigen inneren Achtung begegnen konnte.

Bei meinen Versuchen, enge Kontakte zu Land und Leuten aufzubauen, war mir Mechthild Weber eine Verbündete. Bevor sie nach Deutschland zurückkehrte, half sie mir während der ersten Wochen in dem Leprosarium Sao Juliao über das Heimweh hinweg. Mir fehlten die deutschen Freunde, die nächtlichen Gespräche, das Gefühl dazuzugehören. Auch in späteren Jahren waren es manchmal die kleinen Dinge des Alltags, die ich vermisste: Theater, Konzerte, Restaurantbesuche oder Speisen, die in Brasilien nicht erhältlich sind. So esse ich bis heute für mein Leben gern Marmorkuchen, auf den ich Heißhunger entwickeln kann. Als ich bereits in Rondonopolis lebte, wurde dieser Hunger eines Tages so übermächtig, dass ich meine Mutter anrief. Ich bat sie um das Rezept ihres phantastischen Marmorkuchens und notierte mir alle Zutaten auf einem Zettel. Anschließend ging ich in die Stadt in einen Supermarkt. Da ich nicht wusste, wie alle die Zutaten auf Portugiesisch hießen, Mehl, Backpulver, Kakao, Schokolade, Eier und so weiter, sprach ich ein paar Frauen an und bat sie um Hilfe. Sie waren sehr hilfsbereit und völlig platt, dass ein Mann einen Kuchen backen wollte. Das war eindeutig Frauensache. Ich erklärte ihnen, wie wunderbar schmackhaft so ein deutscher Marmorkuchen sei, und wie sehr ich ihn vermisse.

„Ja, wenn dein Kuchen so gut ist", sagten die Frauen, „dann musst du uns alle einladen und uns zeigen, wie man ihn backt."

„Klar", sagte ich, „aber erst mal muss ich selber testen, ob ich ihn überhaupt hinkriege."

Der erste Versuch ging gründlich daneben. Ich zog eine undefinierbare schwarze Masse aus dem Backofen. Der Kuchen war nicht aufgegangen und total verbrannt. Ein erneuter

Anruf bei meiner Mutter verriet mir, bei welcher Temperatur und wie lange so ein Kuchen in der Röhre brauchte, und dass man die Backform mit Butter ausstreichen muss. Nach ein paar weiteren Versuchen war der Marmorkuchen essbar. Dann kamen die Frauen. Vor zwanzig Brasilianerinnen erklärte ich, wie man einen Marmorkuchen zubereitet. Sie waren restlos begeistert, nicht nur, weil ihnen der Kuchen schmeckte, sondern weil sie nun wussten, wie man es hinbekommt, weißen und schwarzen Teig zugleich in einem Kuchen zu backen. Danach war der deutsche Marmorkuchen in Rondonopolis etabliert und im wahrsten Sinn des Wortes in aller Munde. Vor dem Hintergrund, dass ich in der Lepraarbeit mit Coronel Rodolfo nur Schwierigkeiten hatte, war dies mein erstes Erfolgserlebnis.

Mein Glück war, dass ich im Juni in Brasilien landete. Juni und Juli sind die Monate, in denen traditionell sehr viel gefeiert wird. Überall Heiligenfeste und Patronatsfeiern. In den Gemeinden war ständig etwas los. Und die Brasilianer verstehen wirklich zu feiern. Meine Kollegin Mecki holte mich am Wochenende ab und raste mit mir in ihrem alten Kombi in höllischem Tempo zu irgendeiner Dorffete. Einen Abend fuhren wir zu einem Stadtfest nach Campo Grande. Auf dem Gelände gab es Grillstände mit Churrasco, Bierbuden und Musik. Nachts wurde getanzt. Wir tranken kaltes „Antartica", eines der besten Biere in Brasilien, amüsierten uns, bis Mecki die Toilette aufsuchte und dort unfreiwillige Zeugin eines Gesprächs unter jungen Frauen wurde. „Manfred, sie schließen bereits Wetten ab, wer als erste mit dir tanzt."

Oh, dachte ich, das kann ja ein amüsanter Abend werden. Es wäre gelogen, dass die Aussicht, im Mittelpunkt des weiblichen Interesses zu stehen, mir nicht geschmeichelt hätte. Ich war fraglos die Attraktion für die Frauen. Meine Anwesenheit hatte sich in Windeseile herumgesprochen. Ein Europäer! Ein Deutscher! Und das Wichtigste: ein Mann mit blauen Augen! Es dauerte nicht lange, da schwirrten sie an. Die Mädels fragten nicht nur, ob ich tanzen wolle, nein, sie nahmen mich gleich bei der Hand und versuchten, mich auf die Tanzfläche zu ziehen. Zuerst nur vereinzelt, dann jedoch zerrten und rissen drei, vier junge Frauen gleichzeitig an mir. Ich war genervt. Die Annäherungsversuche wurden immer dreister. Mecki trank ihr Bier und grinste. „Wie komme ich da raus?", fragte ich sie. Mecki hatte einen Plan. „Du gehst zum stillen Örtchen und ich fahre mit meinem Jeep hinter dem Toilettenfenster vor." Ich zwängte mich durch das enge Klofenster, kletterte nach draußen, sprang in Meckis Jeep, sie gab Gas – die Flucht war geglückt.

Wenig später musste ich Campo Grande verlassen und nach Bauru fahren. Bauru ist eine Stadt in der Nähe von Sao Paulo und Sitz eines weltberühmten Referenzzentrums für Lepra. Wer in portugiesisch- und spanischsprachigen Ländern mit Lepra arbeitet, wird hier geschult. Auch für mich hatte mein Arbeitgeber, die Würzburger DAHW, einen sechswöchigen Intensivkurs vorgesehen. Vor mir hatte meine Kollegin Hannelore Vieth, die heute als Repräsentantin der DAHW in dem brasilianischen Bundesstaat Maranhao tätig ist, bereits an dem Lehrgang teilgenommen. In Bauru hatte sich Hannelore mit einer jungen Ärztin namens Marisa angefreundet. Bevor ich in Campo Grande in den Zug stieg, um mich auf die 20-stündige Zugfahrt nach Bauru zu machen, bat mich Hannelore, ihrer Freundin beste Grüße auszurichten und ein Geschenk zu überreichen: einen selbstgebackenen Marmorkuchen.

In Bauru wurde ich am Bahnhof abgeholt und in das Gästehaus des nationalen Leprazentrums gebracht. Man teilte mir mit, ich solle warten. Gleich werde eine der Ärztinnen kommen, die mich während meines Aufenthaltes betreuen sollte. Also machte ich es mir auf der Veranda bequem. Was denkt man als junger Mann in solch einer Situation? „Wie wird diese Ärztin sein? Vielleicht so ein alter Drache? Ein zickiges Biest? Oder jung und hübsch?“ Dann kam sie. Ich war restlos perplex. Dieser Blick, diese wunderbaren Augen! Das also war Hannelores Freundin Marisa. Ich überreichte ihr den Marmorkuchen.

Es gab damals allerdings noch andere junge Assistenzärztinnen, die in Bauru ihr Praktikum absolvierten. Insgesamt sieben, und alle weiß Gott nicht von schlechten Eltern. Und sie alle wollten sich um mich kümmern. Abends fand eine große Fete statt. Und wieder wurde ich das Opfer meiner blauen Augen. Jedenfalls waren die jungen Ärztinnen alles andere als zurückhaltend und äußerst direkt in ihren Versuchen, mit mir anzubandeln. Aufdringlich gar. Marisa hingegen blieb immer höflich und diskret im Hintergrund. Und trotzdem war sie in den folgenden Wochen immer für mich da, wenn ich Hilfe brauchte. Sie imponierte mir. Und sie gefiel mir. Sie unterließ jeden Versuch einer Annäherung. Später nannte sie mir den Grund: „Ich dachte nicht im Traum, bei einem Europäer eine Chance zu haben.“ Doch auch ich hielt mich zurück. Der Gedanke, bei einer brasilianischen Freundin auch gleich, wie allgemein üblich, mit der ganzen Verwandtschaft liiert zu sein, machte mir Angst.

Da ich an den arbeitsfreien Wochenenden in dem Forschungszentrum immer allein in meinem Gästezimmer saß, lud mich Marisa eines Samstags zu ihrer Familie nach Rio Claro, einer Stadt im Bundesstaat Sao Paulo ein. Wir aßen, tranken, redeten und lachten viel. Wir kamen uns näher. Dennoch sagte ich Marisa klipp und klar: „Mach dir keine Hoffnungen.

Das wird nichts mit uns beiden. Ich bleibe nicht in Brasilien.“ Damals hoffte ich noch, die Einreisebehörden würden mir mein Arbeitsvisum verweigern. Ich wollte zurück nach Deutschland. Dass alles ganz anders kam und Brasilien seit nun 28 Jahren meine Heimat ist, das verdanke ich letztlich auch Marisa. Denn sie wurde meine Ehefrau und Mutter unserer längst erwachsenen Kinder Rose und Roberto.

Dass Marisa eine bekannte Lepraärztin werden würde, war in ihrer Biographie nicht vorgesehen. Ihr Traumberuf war Kinderärztin. Sie gab diesen Wunsch für die Lepraarbeit auf. Heute behandelt sie mittellose Leprapatienten im „Centro de Saude“, dem Gesundheitszentrum von Cuiabá. Von morgens bis abends. Niemand aus ihrer Familie hatte für ihre Entscheidung damals Verständnis. Wie konnte man nur auf ein kultiviertes Leben in der Stadt verzichten, um mit einem Deutschen in die Wildnis von Mato Grosso zu ziehen? Mato Grosso war für Marisas gebildete Eltern, ja für ihre gesamte städtische Verwandtschaft, „wie der Busch in Afrika“. Ein zurückgebliebener weißer Fleck auf der brasilianischen Landkarte. Fast eine Million Quadratkilometer groß, leer und unzivilisiert. Damals waren die Verkehrsverbindungen eine Katastrophe. Mal eben zum Telefonhörer greifen und jemanden anrufen, das war unmöglich. Private Telefone gab es in Rondonopolis nicht. Wer Kontakte pflegen wollte, musste einen Brief schreiben, der tagelang unterwegs war. Marisas Eltern hätten es gern gesehen, wenn wir in Sao Paulo geblieben und in dem Forschungszentrum von Bauru Karriere gemacht hätten. Sie stammten von Einwanderern aus Italien ab, die in Brasilien mit Orangenplantagen zu einigem Wohlstand gekommen waren. Marisas italienischer Großvater kam als Junge nach Südamerika und brachte es immerhin bis zum Minister im Bundesstaat Sao Paulo. Als uns ihre Eltern erstmals in Mato Grosso besuchten, sagten sie abschätzig: „Das hinkt hier alles dreißig Jahre hinter Sao Paulo zurück." Mir blieb als Verteidigung nur der Angriff nach vorn. „Und was glaubt ihr, wie viele Jahre Sao Paulo Deutschland hinterher hinkt?"

Dennoch stand Marisa Anfang der achtziger Jahre ein anderer Lebensweg offen. Hätte sie ihn eingeschlagen, würde meine Frau heute in Sao Paulo als wohlhabende Ärztin eine private Kinderklinik betreiben. Ihr Onkel, Inhaber eines Notariats und schwerreicher Großgrundbesitzer mit vielen Ländereien, machte ihr nach ihrem Medizinstudium ein verlockendes Angebot. Erst einmal schenkte er ihr zum Examen ein Auto, dann bot er an, ihr in Sao Paulo eine eigene Klinik zu bauen! Er war eigentlich ein sehr netter Kerl. Als er jedoch erfuhr, Marisa würde mir in den Busch folgen, zog er sein Angebot zurück. Lepraärztin in Mato Grosso! Alles, nur das nicht!

Meine Schwiegermutter stand immer auf unserer Seite, während Marisas Vater bis kurz vor der Hochzeit gegen die Ehe war. Nicht, weil er mich nicht mochte, sondern weil er sehr an seiner Lieblingstochter hing und fürchtete, sie zu verlieren. Er war sich sicher, ich würde Marisa nach der Heirat mit in das reiche Deutschland nehmen. Dass ich das Gegenteil beteuerte, hat er mir lange nicht geglaubt. Es war ihm unbegreiflich, dass man so ein entwickeltes Land wie Deutschland freiwillig verlassen kann. Eines Tages teilte ich ihm mit, Marisa und ich würden uns verloben. „Nächste Woche feiern wir in Campo Grande. Wenn du Lust hast, kannst du auch kommen. Du bist herzlich eingeladen." Er schaute mich nur an und sagte gar nichts. Mir gegenüber war Marisas Vater immer höflich und zuvorkommend, nie hätte er sich gestattet seinen Ärger direkt an mir auszulassen. Später erzählte mir meine Schwiegermutter, ihr Mann habe nach der Bekanntgabe der Verlobung einen Tobsuchtsanfall gehabt.

„Dieser dahergelaufene Deutsche! Was fällt dem ein! Wie kann der es wagen, sich mit meiner Tochter zu verloben. Ohne mich zu fragen! Ohne meine Erlaubnis einzuholen."

Marisas Familie ist sehr traditionsbewusst, ihr Vater ein Patriarch. In ihrem Elternhaus redeten Marisa und ihre fünf Geschwister Vater und Mutter ganz selbstverständlich mit „Sie" an. Bis heute. Ich habe Marisas Eltern von Anfang an geduzt. Wie in Brasilien üblich. Ihr Vater hieß für mich einfach nur Vocé. Nicht aus Respektlosigkeit. Aber das gedehnte „Senor" und „Senora" vor jedem Satz war mir zu kompliziert. Da bricht man sich die Zunge.

Abschied vom Junggesellendasein

„Wer als Junggeselle nach Brasilien geht", hatten meine Münchener Freunde einst gefrotzelt, „der kommt als Ehemann zurück." Mag sein. „Dann bin ich eben der erste, der nach zwei Jahren unverheiratet zurückkommt." Um eine Kiste Bier haben wir gewettet. Ich habe die Wette verloren.

Die ersten zwei Jahre in Rondonopolis lebte ich im Pfarrhaus gemeinsam mit den Franziskanern. Da der heimischen Bevölkerung der Beruf des Entwicklungshelfers fremd war, nahmen alle an, auch ich sei ein eheloser Pater. Wenn ich zu Seprakampagnen und Untersuchungen in die Siedlungen rausfuhr, redeten mich die Leute ständig mit „Padre" oder „Doktor Manfredo" an. Als sich herumsprach, dass ich heiraten würde, war das Erstaunen groß. Ich wies sie immer darauf hin, dass ich weder Pater oder Priester, noch Arzt oder Doktor sei, aber sie bleiben unbeirrt. „Wir wissen, dass du kein Doktor bist, Doktor Manfredo." Was sollte ich machen? Für die Armen blieb ich Doktor Manfredo. Da konnte ich mich auf den Kopf stellen. „Diese feinen Ärzte aus der Stadt", sagten sie, „die kommen nicht zu uns raus. Die vornehmen Herren setzen sich nicht mit an unsere Tische. Du schon." Sie rechneten es mir hoch an, dass ich bei meinen Reisen immer in ihren Hütten wohnte, mit ihnen aß und in ihren Hängematten schlief.

Wie diese Leute herausfanden, dass ich heiraten würde, bleibt mir ein Rätsel. Jedoch hatte sich in den Dörfern um Rondonopolis sogar der Termin der Hochzeit herumgesprochen. Am 25. Juli 1981 in Sao Paulo. An einem Sonntag, drei Wochen vorher, saß ich im Pfarrhaus mit den Franziskanerbrüdern, als mich ein junger Landbauer aufsuchte. Er fragte, ob ich Lust auf einen Frühschoppen habe, er kenne da einen netten Ort. Ich hatte nichts Besseres vor, und wir fuhren los. Zwanzig, dreißig, vierzig Kilometer. Allmählich wurde mir schon etwas mulmig. Ich hatte keine Ahnung, wohin die Fahrt ging. Immer tiefer fuhren wir hinein in den Busch. Fünfzig Kilometer. „Was soll das? Ich dachte, wir wollten einen Frühschoppen machen?" „Bleib ganz ruhig, du wirst schon sehen." Na gut. Nach sechzig Kilometern erreichten wir vormittags um elf die Farm eines kleinen Bauern in der Region Grota Vermelha. Rund 200 Menschen hatten sich versammelt. Als ich aus dem Auto stieg, applaudierten alle. Die Kleinbauern traten auf mich zu und sagten: „Doktor Manfredo, ständig kommst du zu uns, um für uns etwas zu tun. Heute tun wir etwas für dich. Dies ist dein Fest. Wir haben es organisiert, für deinen Junggesellenabschied."

Unglaublich. Sie hatten Unmengen an Getränken besorgt, drei Rinder wurden geschlachtet, Maniok gekocht und Churrasco gegrillt. Der Dank hat mich ungeheuer beeindruckt, es waren schließlich arme Leute. Ich war überrascht und gerührt. Gegen 17 Uhr chauffierte mich mein Begleiter zurück nach Rondonopolis, ohne dass ich ahnte, was mich an diesem Sonntag noch erwarten würde. Als wir die Stadt erreichten, fiel mir auf, dass der junge Mann ständig den Ortskern umkreiste, statt mich zurück ins Pfarrhaus zu bringen. Eine halbe, vielleicht drei Viertelstunden kutschte er planlos in der Gegend herum. Mit irgendwelchen fadenscheinigen Begründungen. Ich wurde mittlerweile sauer. „Halt sofort an. Ich steige aus und gehe zu Fuß."

Eine halbe Stunde später verstand ich den Grund der Zeitschinderei. Wir waren zu früh in Rondonopolis. Die Vorbereitungen zu einer weiteren Junggesellenparty waren noch in vollem Gange. Da durfte mein Fahrer unmöglich mit mir hineinplatzen. Als wir die Pfarrei vom Heiligen Herzen Jesu erreichten, glaubte ich meinen Augen nicht trauen zu können. Gut 150 Leute warteten. Auf mich. „Ich fasse es nicht. Das kann doch nicht sein." Alle Priester aus Rondonopolis waren anwesend, der Kirchenchor, alle Lepraarbeiter, Freunde aus der Stadt. Und zu meiner Überraschung war eigens sogar Bischof Dom Osorio Stoffel gekommen. Vor versammelter Mannschaft bedankte er sich für mein Engagement. Ich fühlte mich beschämt. Da bedankten sich Menschen bei mir, denen ich so oft die kalte Schulter gezeigt hatte. Da erwiesen mir Kirchenleute die Ehre und richteten in aller Heimlichkeit ein Fest für mich aus, für mich, den notorischen Kirchgangverweigerer. Mit so viel Anerkennung für meine Arbeit hatte ich nicht im Traum gerechnet.

Während der Chor sang, musste ich Frauenkleider überziehen, eine Perücke aufsetzen und den ganzen Abend in dieser Verkleidung herumlaufen. Alles, was ich von mir gab, wurde auf eine Rolle Toilettenpapier aufgeschrieben. Wir feierten ausgelassen, lachten und tranken die ganze Nacht. Als ich später meine Äußerungen las, fragte ich nur: „Wer hat denn so einen Schmarren erzählt."

Am nächsten Morgen klopfte in aller Frühe ein Helfer an meiner Tür, um mich zu wecken. Wir wollten in ein Dorf, wo eine Leprakampagne angekündigt war. Es war das einzige Mal, dass ich einen so wichtigen Termin verschieben musste. Mein Schädel brummte. Verkatert wie ich war, wusste ich nicht, wo mir der Kopf stand. Der lokale Rundfunksender „Radio Clube“ meldete: Die Gesundheitskampagne müsse verschoben werden, „aufgrund technischer Probleme“.

Die andere Seite des Coronels

Während des Festes in der Pfarrei von Rondonopolis geschah etwas, womit niemand gerechnet hatte. Etwas, für dass auch im Nachhinein niemand eine plausible Erklärung fand. Unter den Gästen war auch Coronel Dr. Rodolfo de Oliveira. Wir verstanden uns blendend. Vor aller Augen witzelten wir miteinander herum und tranken gemeinsam auf die letzten Tage der Freiheit vor meiner Hochzeit. Zu aller Belustigung tranken wir aus einem Nachttopf. Niemand wusste, was passiert war. Es war und blieb allen Anwesenden ein Rätsel, was den subversiven Manfredo bewogen hatte, mit dem ehemaligen Menschenschinder als Geste der Versöhnung aus einem Pinkelpott zu trinken.

Coronel Rodolfo war ein Choleriker, gefürchtet für seine Tobsuchtsanfälle, so dass sich kaum noch ein Leprakranker zum Gesundheitsposten traute. Er beschimpfte die Leprösen als dreckige Hunde, als stinkendes Lumpenpack, und wenn ihm ein Patient zu nahe trat, zog er seinen Revolver. Ich vergesse nie, wie er mich einmal mit zehn Patienten rauswarf und vor die Tür setzte. Er intrigierte gegen mich, sabotierte meine Arbeit, wo immer er die Möglichkeit einer Schikane sah. Bis zu jenem Nachmittag, als er an meiner Tür klopfte. Ich lebte zu der Zeit etwa zwei Jahre in Rondonopolis und wohnte noch immer im Pfarrhaus bei den Franziskanern.

Er stand vor mir, an der Hand seine jüngste, neunjährige Tochter, ein nettes Mädchen mit blonden Haaren. „Manfredo, kann ich mit dir reden?“ Ich war ziemlich baff. Und erschrocken. Kein Wunder, nach all den üblen Machenschaften, die vorgefallen waren. „Was will der denn hier?“, fragte ich mich im Stillen. Doch ich bat die beiden herein und bot ihnen einen Platz auf dem Sofa an.

„Kann ich etwas für euch tun?“, sagte ich eher aus Höflichkeit denn aus Hilfsbereitschaft.

„Ja“, sagte der Coronel. „Manfredo, kannst du meine Tochter untersuchen? Sie hat einen hellen Hautfleck auf der Schulter.“

Sofort wurde ich hellhörig. Ich machte den Gefühlstest und piekste mit einem spitzen Bleistift in die betroffene Hautpartie. Keine Reaktion. Das Mädchen spürte nichts. Die erste Diagnose war eindeutig.

„Rodolfo, deine Tochter hat Lepra.“ Der Coronel sank in sich zusammen. Dann weinte er. Er weinte bitterlich, wie ein kleiner untröstlicher Junge. Er flehte mich an. „Bitte, Manfredo, erzähl das niemandem. Das darf niemand erfahren.“ Selbstverständlich gab ich ihm das Versprechen und bot an, die Kleine zur Sicherheit zu einer weiteren Diagnose in das nationale Leprazentrum nach Bauru zu schicken, wo ich den Chefarzt kannte. Rodolfo fuhr mit seiner Tochter nach Sao Paulo, wo die Diagnose bestätigt wurde. Die medikamentöse Behandlung des Mädchens und seine Heilung liefen dann ohne Probleme ab. Eine Krankenakte wurde nicht angelegt. Ihr Fall tauchte in keiner Statistik auf. Niemand erfuhr von der Geschichte. Und Rodolfo änderte sich radikal.

Wo auch immer ich bei der Lepraarbeit Unterstützung brauchte, der alte Coronel war für mich da. Er lud mich zu sich nach Hause zu seinen Grillfesten ein. Und das Unglaubliche geschah: Aus zwei Erzfeinden wurden zwei gute Freunde. Die Leute, die uns kannten, waren überrascht. Was ist los mit dem Alten? Erst will er Manfredo fertigmachen, jetzt lobt er ihn über den grünen Klee. Erst macht er die Leprakranken zur Schnecke, jetzt setzt er sich für sie ein. Niemand verstand diesen Wandel. Später zog der Coronel aus Rondonopolis fort auf sein Altenteil. Ende der neunziger Jahre begegneten wir uns zum letzten Mal in der Hauptstadt Cuiabá. Vor Freude fielen wir uns in die Arme. Rodolfo erzählte mir, er beabsichtige ein Buch zu schreiben, in dem ein eigenes Kapitel von mir handeln solle. Ich glaube, dieses Buch wurde nie fertig. Kurze Zeit später starb Dr. Rodolfo de Oliveira, ein Mensch, an den ich gern zurückdenke. Der Mann, mit dem ich ein Versöhnungsbier aus einem Nachttopf getrunken habe.

Standhaft bleiben

Ausgegrenzt

Allmählich hatte ich gelernt, die Furcht vor den Leprabakterien abzulegen. Dennoch bekam ich die grassierende Angst vor der Krankheit zu spüren. Doch anders als gewohnt. War ich einst derjenige, der sich vor einer Infektion fürchtete, so war ich nun jemand, vor dem andere sich ängstigten. In meinem Bekanntenkreis trennte sich die Spreu vom Weizen. Einige Leute mieden den Umgang mit mir, als sie erfuhren, dass ich regelmäßig mit Leprakranken Kontakt hatte. Ich konnte damit leben, andere Menschen jedoch traf die soziale Ächtung ungleich härter.

In dem Leprosarium außerhalb von Campo Grande lebten hundert Kranke, die von ihrer Familie verstoßen und abgeschoben worden waren. Wer in Sao Juliao landete, hatte kaum eine Chance, irgendwann in seinem Leben wieder aus der Einrichtung heraus zu kommen. Die Patienten lebten zu sechst, acht oder zehnt in eigenen Häusern, in einer Kolonie, die weitgehend abgeschottet war. Es gab hier einen Kaufladen, einen Friseur, eine Schule, eine Kirche und eine eigene Fußballmannschaft, in der jene Leprakranken mitspielten, die nicht allzu behindert waren. Ich spielte zum Spaß des Öfteren mit und war als einziger Europäer eine kleine Sensation, die man stolz „Müller“ oder „Beckenbauer“ rief, obwohl ich mit dem Ball wirklich nicht besonders umgehen konnte.

In Sao Juliao begegnete ich einem verstümmelten Mann namens João mit vernarbtem Gesicht und eingefallener Nase, etwa fünfundvierzig Jahre alt, dem man einen Unterschenkel amputiert hatte. Er trug zwar keine Bakterien mehr in sich, doch er litt an den Folgeschäden der Lepra und sein Bein hatte sich übel entzündet. Als ich João traf, saß er auf dem Boden, sein linkes Bein steckte in der Erde, eingegraben bis zur Hüfte. „Was soll denn das?“, fragte ich erstaunt und auch erschreckt. João lieferte für sein merkwürdiges Verhalten eine ebenso sonderbare Erklärung. Er war allen Ernstes der Meinung, die Erde sei heilsam und werde seine Wunde kurieren, hingegen war ich der Ansicht, dass ihm eine schwere Infektion mit Tetanus, ein Wundstarrkrampf, drohte. Damals wusste ich nicht, dass Tetanuserkrankungen bei Leprapatienten kaum auftreten. Den genauen medizinischen Grund kenne ich nicht. Einige meinten, dass das Mycobacterium Leprae den Tetanuserreger abtötet, eine Theorie, die jedoch wissenschaftlich nicht bewiesen wurde. Jedenfalls ließen die Salesianerinnen aus Sao Juliao den Kranken mit dem eingegrabenen Fuß gewähren. João wurde davon zwar nicht gesund, „aber wenn er dran glaubt“, so meinten die Ordensfrauen, „dann soll er sein Bein halt in die Erde stecken“.

Einmal schickte uns eine Ärztin aus einem Hospital Rondonopolis eine Krankenschwester zur Untersuchung, bei der sich der Verdacht auf Lepra bestätigte. Obwohl sie an einer gutartigen und nicht ansteckenden Form erkrankt war, kam sie nach dem Beginn ihrer Behandlung weinend zu uns zurück. Die überweisende Ärztin hatte ihre Schweigepflicht gebrochen und den Angestellten in ihrem Spital geraten, sich von der Krankenschwester fern zu halten. Sie verlor ihren Arbeitsplatz, Bekannte und Nachbarn machten ihr das Leben dermaßen zur Qual, dass sie Rondonopolis schließlich verließ.

Auch bei einer Novizin aus dem Konvent der Franziskanerinnen diagnostizierten wir eine nicht infektiöse Lepraform. Dennoch brach unter den Nonnen eine regelrechte Panik aus. Vierzig Stunden verbrachten meine Ehefrau Marisa und ich bei den Ordensfrauen um sie mit Diavorträgen darüber aufzuklären, dass für sie keinerlei Gefahr bestünde. Zum Beweis ließen wir die Novizin mit unserer kleinen Tochter Rose spielen. Unsere Mühen waren umsonst. Eines Tages suchte uns die junge Frau auf und erzählte aufgelöst und niedergeschlagen, man habe sie aus der Ordensgemeinschaft ausgeschlossen. „Lepraphobie“ nannte Marisa dieses furchtsame Verhalten, bei dem die verhängnisvollen Reaktionen auf die Lepra mächtiger waren als alle Argumente der Vernunft.

Wunderheiler? – Nein danke

Anders als in Europa, wo die Menschen dazu neigen, alltägliche Ereignisse eher nüchtern zu betrachten und zu bewerten, neigen Brasilianer zu einem Mystizismus, der allenthalben übersinnliche Kräfte und überirdische Mächte wirken sieht. Nachdem ich einige Monate in Mato Grosso unterwegs war, um Patienten zu behandeln, machten Gerüchte die Runde. Patienten berichteten, man sage mir nach, ich sei ein Wunderheiler und Gesundbeter. Gegen solchen Aberglauben bin ich immer massiv vorgegangen. Ich habe allen erklärt, dass ich medizinische Diagnosen stelle und hochwirksame Medikamente aus Deutschland verabreiche. Nicht mehr und nicht weniger. Einige Leute haben mir dennoch nicht geglaubt. An meinem Ruf als vermeintlicher Wunderdoktor war auch die Familie des Goldgräbers Raimundo nicht ganz unbeteiligt. Dass der todgeweihte Mann nicht bei lebendigem Leib verfaulte, schrieben die Angehörigen mir zu. In ihrer überschwänglichen Freude und Dankbarkeit posaunten sie meine Rolle als Retter überall heraus. Ich habe mich dagegen gewehrt und erklärt, dass ich einfach nur meine Arbeit mache.

Damals wurden schlimme Hauterkrankungen wie die entstellende Leishmaniose, die durch Parasiten beim Stich von Sandmücken übertragen wird, oder schwer heilende Pilzinfektionen kaum kuriert, weshalb die Menschen oft jahrelang unter üblen Beschwerden litten. Unter den Patienten, die zu Hunderten zu den Untersuchungskampagnen strömten, waren viele, die keine oder nur wenige Jahre Schulbildung genossen hatten. Über die Wirkungen von Antibiotika war ihnen nichts bekannt, so dass schnelle Heilerfolge bei Allergien, Wurmerkrankungen oder die Wirkung von schmerzstillendem Aspirin für sie an Zauberei grenzten. Selbst an den Wochenenden fanden sich bisweilen über hundert Kranke vor dem Pfarrhaus der Franziskaner ein. Geduldig standen sie an, um von mir untersucht und behandelt zu werden. Viele hielten mich für einen Priester, für einen etwas unkonventionellen Missionar, der nie die Messe las. Hin und wieder tauchten sogar junge Frauen auf, die bei mir beichten wollten. Ich witzelte dann: „Beichten dürft ihr, aber die Absolution erhaltet ihr nicht."

Vor meiner Ankunft waren einige Weltpriester und die Franziskaner die einzigen Deutschen in Rondonopolis. Sie wurden von der Bevölkerung ohne Probleme akzeptiert. Die priesterliche Berufung, in die Mission zu gehen, leuchtete den Brasilianern unmittelbar ein. Aber ein Leprahelfer? Was wollte der? Die Gründe, weshalb ein Deutscher in Brasilien mit den Ausgestoßenen arbeitete, vermochte kaum jemand nachzuvollziehen. Wer diese Arbeit freiwillig machte, der war entweder ein Spinner, ein törichter Idealist oder, als dritte Möglichkeit, er musste so reich sein, dass er nicht wusste, wohin mit seinem

Geld. Auch für die mächtigen Kreise in Rondonopolis war meine Anwesenheit ein Rätsel, womöglich ein bedrohliches.

Nachdem ich mich mit Dr. Rodolfo de Oliveira ausgesöhnt hatte, steckte er mir im Vertrauen, dass die örtliche Freimaurerloge, ein einflussreicher Geheimbund, meinen Fall diskutiert und mich unter Beobachtung gestellt hatte. Der alte Coronel machte mir klar, was es hieß, sich mit dieser Clique anzulegen. „Niemand verkauft dir ein Haus, keiner vermietet dir eine Wohnung. Und die Banken weigern sich, ein Konto für dich zu eröffnen. Du wirst kaltgestellt und ausgetrocknet, solange, bis du freiwillig nach Deutschland zurückgehst." Zu meinem Glück wuchs meine Bekanntheit innerhalb der Bevölkerung, was sich später als ein unschätzbarer Vorteil erwies. Die lokalen Politiker achteten darauf, unsere Lepraarbeit nicht zu blockieren. Es hätte sie Sympathien und auch Stimmen gekostet.

Der richtige Riecher

Zu Beginn meiner Tätigkeit waren in Rondonopolis nur 200 Leprakranke registriert. Doch die Zahlen stiegen in kürzester Zeit dramatisch an. Der Grund war klar: Durch die regelmäßigen Fahrten in die Buschsiedlungen gemeinsam mit Schwester Idalina und dem Gesundheitsagenten Etelvino wurden immer mehr Kranke entdeckt. Etelvino war ein intelligenter und schlitzohriger Bursche, ein armer Landarbeiter und Vertrauter des Coronel Rodolfo, der ohne jede medizinische Ausbildung von der Krankenschwester Mechthild Weber eine Anleitung als Leprahelfer erhalten hatte. Da Etelvino aus ärmsten Verhältnissen stammte, hatte Mecki ihn wohlwollend unterstützt, ihn angestellt, ihm eine möblierte Wohnung und ein Moped besorgt und ihm das Medikamentenlager anvertraut. Damit hatte Etelvino eine verantwortungsvolle und wichtige Aufgabe, die sein Ansehen in der Bevölkerung enorm aufwertete. Nun war ich in sein Reich eingedrungen, zumal ich mir nicht gefallen ließ, dass er das Haus, das für mich gebaut wurde, gleich zu zwei Dritteln für sich mit Beschlag belegte. Etelvino, der sich von den Bauern im Busch immer mit „Doktor" anreden ließ, sah seinen sozialen Status gefährdet und reagierte. Wenn wir zu den Siedlungen hinausfuhren, nutzte er meine anfänglichen Sprachschwierigkeiten aus. Idalina steckte mir, dass er den Leuten hinter meinem Rücken meine Anwesenheit so erklärte: „Manfredo ist mein Chauffeur, den man mir aus Deutschland geschickt hat." Danach nahm ich das Heft in die Hand und ließ mich nicht mehr austricksen, woraufhin sich Etelvino mit Rodolfo gegen mich verbündete.

Freilich kann ich Etelvino auch verstehen. Da wird ihm von heute auf morgen ein Deutscher als Chef vorgesetzt, einer, der Land und Leute nicht kennt, und er sieht seine Felle davonschwimmen. Dagegen hat er sich mit seinen Mitteln gewehrt. Marisa traute ihm sogar zu, er würde mir eines Nachts eine Klapperschlange in die Hängematte legen. Doch Etelvino hatte auch seine guten Seiten. Er besaß einen unglaublichen Riecher, ja er hatte eine Nase für jeden, der mit Leprabakterien infiziert war. Wenn wir Reihenuntersuchungen in Schulen mit Hunderten von Kindern vornahmen, kam es vor, dass mir Infizierte mit ersten und schwer erkennbaren Leprasymptomen durchrutschten. „Hey, komm mal zurück", rief Etelvino dem Patienten nach. Und tatsächlich, wieder hatte er einen neuen Fall gerochen. Im wahrsten Sinne des Wortes. In einer Pause saßen wir einmal in einer abgewrackten Kneipe und tranken eine Cola. Etelvino stieß mich an. „Du, der Mann dahinten in der Ecke, der hat Lepra."

„Woher willst du das wissen?“

„Ich rieche das. Leprakranke haben einen anderen Geruch als gesunde Menschen.“ Wir untersuchten den Mann und stellten fest, dass auf Etelvinos Gespür Verlass war. Wie er das angestellt hat, verstehe ich bis heute nicht. Als Rodolfo in Rente ging, zog Etelvino in einen weltfernen Flecken nach Rondonia, wo er heute noch immer Lepraarbeit betreibt. Ich habe ihm damals sogar eine Empfehlung ausgestellt, und offenbar macht er seine Arbeit als „Doktor“ sehr gut. Für mich war Etelvino immer ein ausgefuchster Schlawiner, ein sympathischer Wichtigtuer, dem ich niemals ernsthaft böse sein konnte. Er verschaffte mir viele gute Kontakte zu Patienten, und das zu einer Zeit, als Lepröse ihre Krankheit aus Scham versteckten, keinen Arzt bezahlen konnten und sich nicht in die Stadt trauten, wo der Coronel Rodolfo sein tyrannisches Regiment führte.

Gegen allen Widerstand – ein neues Leprazentrum

Schon bald waren uns nicht 200, sondern über 800 Leprapatienten bekannt. In Rodolfos schäbigem Gesundheitsposten konnten diese Menschen unmöglich behandelt werden. Aber die Region brauchte einen funktionierenden und effektiven Lepradienst. Die Einsicht in die Notwendigkeit eines eigenen Leprazentrums rief in Rondonopolis allerdings keine Begeisterung hervor, sondern massiven Widerstand. Die Stadt sträubte sich gegen eine solche Einrichtung. Es würde ihren Ruf ruinieren. Und wenn schon ein Zentrum für Lepröse, dann doch bitte weit ab, irgendwo in der Buschsteppe. Aber wie hätten die Patienten dorthin gelangen sollen?

Obwohl bereits ein Bauplan erstellt und die Finanzierung durch die DAHW gesichert war, hatte ich zwei Jahre mit immensen Schwierigkeiten zu kämpfen, bis das Gesundheitsministerium und die Stadtverwaltung den Bau im Sommer 1981 endlich genehmigten. Hilfreich war, dass die alte Gesundheitsstation im April 1981 einen neuen Chefarzt erhielt. Dr. Rodolfo wurde als Direktor abgelöst. Die politischen Verhältnisse hatten sich geändert. Die Jahre unter den Militärs neigten sich dem Ende zu, zudem füllten die Beschwerden über Rodolfo ganze Aktenordner. Die Ärztegemeinschaft übte Druck aus und forderte, die Position des Coronels, der ja schon längst im Rentenalter war, endlich mit einem jungen Kollegen zu besetzen. Im Zuge der Veränderungen errichtete die Stadt ein modernes Gesundheitszentrum mit einer großen Freifläche, einem idealen Baugrundstück, auf dem die Leprösen künftig Hilfe finden sollten.

Zu den Gründen, weshalb unser Leprazentrum erst zwei Jahre später fertig gestellt wurde, nur ein paar knappe Bemerkungen zum Thema Korruption. Es gibt einen Satz, den jeder Brasilianer kennt. Adhemar de Barros gab ihn vor rund dreißig Jahren von sich, als er für das Amt des Gouverneurs von Sao Paulo kandidierte. „Andere sind korrupt und leisten nichts. Ich bin zwar auch korrupt, aber ich leiste etwas." De Barros wurde übrigens gewählt. Jedermann in Brasilien klagt und jammert über die allgegenwärtige Korruption, zugleich jedoch wird jeder, der nicht schlau genug ist, Gelder in die eigene Tasche zu lenken, als Schwächling belächelt. Mein Franziskanerfreund Frei Octaviano jedenfalls fand beim Bau unseres Leprazentrums viele Gelegenheiten, um wieder über die Korruption im Baugewerbe zu schimpfen. Als ich mich beim Ministerium beschwerte, weil die Lohngelder für die Bauarbeiter in dunklen Kanälen verschwunden waren, ließ mich der Unternehmer wissen: „Halt dich da raus, sonst kriegst du mächtigen Ärger. Dann wird dir etwas passieren."

Außerdem erstattete ein Großgrundbesitzer eine Anzeige gegen uns. Ihm gehörte das Nachbargrundstück. Weil er fürchtete, er und seine Familie könnten sich mit Lepra anstecken, setzte er alles daran, den Bau zu verhindern. Er führte einen Prozess gegen uns, den er jedoch verlor. Danach verkaufte er sein Haus und zog in eine andere Gegend. Doch nicht alle Wohlhabenden reagierten so. Ein wichtiger Geschäftsmann, der mit dem Handel von Dünger und Tiermedikamenten zu Geld gekommen war, und der heute im brasilianischen Kongress sitzt, machte seinen Einfluss für unser Projekt geltend. Dieser Mann war einer der ersten Patienten, die mich in meiner Anfangszeit in Rondonopolis aufsuchten. Ich hatte damals bei ihm und bei einigen Familienangehörigen Lepra diagnostiziert. Alle wurden geheilt. Mich lehrte dieser Mann, was ein Brasilianer unter Dankbarkeit versteht. Noch heute, fast drei Jahrzehnte später, ruft mich dieser Abgeordnete manchmal an, nur um mir zu sagen: „Manfredo, wenn du Hilfe brauchst, lass es mich wissen."

Im November 1983 wurde das Leprazentrum von Rondonopolis endlich eingeweiht. Meine Aufgabe bestand darin, im Auftrag der Regierung von Mato Grosso das geeignete Personal auszuwählen. Zu dem Team gehörten eine Krankenschwester, eine Labortechnikerin, eine Sozialarbeiterin, drei Hilfskräfte sowie ein orthopädischer Schuhmacher. Außerdem als Hautärztin und Lepraexpertin: meine Ehefrau Marisa. Meine Vorschlagsliste musste anschließend von einem regierungstreuen Landtagsabgeordneten abgesegnet werden. Dabei handelte es sich um einen deutschstämmigen Brasilianer mit Namen Albert Schommer, ein aufrechter Politiker, der unserer Arbeit immer wohl gesonnen gegenüber stand. Er teilte mir mit: „Das Parteibuch deiner Leute interessiert mich nicht. Wähl aus, wen du für fähig hältst." Meine Vorschläge wurden akzeptiert. Alle Kandidaten wurden von der Regierung angestellt.

Welch ein Unterschied! Vier Jahre zuvor hatte man die Leprösen noch mit Hunden aus der Stadt gescheucht und nun diese feierliche Einweihung. 400 Gäste waren erschienen, die Gattin des Gouverneurs von Mato Grosso, Abgeordnete, die Autoritäten und Honoratioren der Stadt, selbst der deutsche Generalkonsul. Nach der Zeremonie wurde ein großes Churrasco, ein Grillfest, veranstaltet. Und zwar, welch ein Wunder, von Leprapatienten. Zwei Rinder wurden geschlachtet, der Bäcker der Stadt spendierte das Brot, und die örtliche Brauerei sorgte für Bier und Getränke. Endlich hatten wir einen Ort, wo wir die Kranken menschenwürdig behandeln konnten. Es ging sehr schnell aufwärts. Von überall kamen die Kranken, und wir entwickelten uns zum Referenzzentrum für Lepra im Bundesstaat Mato Grosso. Zwei Jahre später jedoch wechselte die Regierung, und der Ärger begann.

„Wir lassen dich verschwinden"

Im Gesundheitsministerium in Cuiabá saß ein neuer Staatssekretär. Er teilte mir telefonisch mit: „Zwei der Angestellten werden entlassen. Sie haben im Wahlkampf die Oppositionspartei unterstützt. Doch machen Sie sich keine Sorgen, Herr Göbel. Wir stellen zwei andere Mitarbeiter ein."

Meine Antwort war klipp und klar: „Nein. Niemand wird entlassen. Ich werde die Kündigungen nicht akzeptieren." Dann fuhr ich schweres Geschütz auf: „Die Kündigungen nennt man politische Verfolgung. Das ist eine schwere Menschenrechtsverletzung." In meiner Wut drohte ich dem

Staatssekretär: „Wenn Sie diese Entlassungen durchführen, fangen Sie sich Verbrennungen dritten Grades ein. Dann gehe ich an die Öffentlichkeit."

Was sonst konnte ich tun? Hätte ich zulassen sollen, dass zwei meiner besten Mitarbeiter, die die ganze Lepraarbeit mit mir aufgebaut hatten, auf der Straße sitzen und in soziale Not geraten, nur weil sie die falsche Partei unterstützt haben, während ich weiter auf meinem Posten sitze? Das war mir nicht möglich. Entweder alle werden entlassen oder keiner. Die Drohung mit der Öffentlichkeit schien zu wirken. Der hohe Beamte versuchte einzulenken und mich zu beschwichtigen. Vergeblich. Ich blieb eisern.

Zwei Stunden später saß ich zu Hause, als es an der Tür klingelte. Vor mir stand ein Mann, den jeder in Rondonopolis kannte. Ein Berufskiller, ein Verbrecher, von dem man erzählte, dass er für Geld andere Menschen tötete. Jeder wusste, dass er schon mehrere Auftragsmorde begangen hatte, ohne dass man ihn dafür juristisch zur Rechenschaft zog. Er sagte freundlich, er wolle mit mir reden. Ich bat ihn herein, und er kam ohne Umschweife zur Sache.

„Du willst die Entlassung von Angestellten öffentlich kritisieren? Ich möchte dir nur raten: Tu das nicht."

Ich war ziemlich verärgert. „Was geht dich das an. Was hast du dich da einzumischen?"

„Ich rate dir trotzdem, das nicht zu tun. Sonst kannst du umgelegt werden."

Ich war so sauer, dass ich den Ernst der Lage nicht recht begriff. „Das kannst du versuchen", antwortete ich erbost. „Aber ich garantiere dir, vorher nehme ich zwei, drei von euch Typen mit."

Er zündete sich ruhig eine Zigarette an, grinste mir ins Gesicht und meinte kühl: „Dich zu töten, ist für mich, wie ein

Huhn zu schlachten. Das mache ich jeden Tag. Wir lassen dich verschwinden, ohne dass eine Spur von dir bleibt."

Ohne jeden Skrupel erzählte er von einem Wasserfall rund fünfzig Kilometer außerhalb von Rondonopolis, wo man zur Zeit der Militärdiktatur politische Gefangene verschwinden ließ. Dieser Wasserfall stürzt etwa einhundert Meter in die Tiefe und fließt dann unterirdisch weiter.

„Du kriegst einen Kopfschuss, dann karre ich dich dorthin und du tauchst nie wieder auf. Niemand wird dich jemals finden."

Was mich erschütterte, war die Art, wie der Berufsmörder das sagte. Eiskalt, mit einer selbstverständlichen Ruhe, ohne jede Gefühlsregung. Ich bekam Angst. Große Angst

„Wenn es so ist", stammelte ich entmutigt, „werde ich mir die Sache noch einmal überlegen."

„Genau das rate ich dir."

Damit ging der Killer. Ich habe mich dann auf der Stelle mit der Arbeitsgemeinschaft Entwicklungshilfe in Köln in Verbindung gesetzt, die wiederum sofort das Auswärtige Amt in Bonn benachrichtigte. Zudem verständigte ich den Nationalen Leprakoordinator im brasilianischen Gesundheitsministerium und rief den Bischof von Rondonopolis an, Dom Osorio Stoffel, um auch ihn über die Morddrohung zu informieren. Als abends meine Frau Marisa nach Hause kam, war sie völlig geschockt. Ich hatte nichts anderes tun können, als alle Hebel in Bewegung zu setzen und alle meine Kontakte zu nutzen, und zu hoffen, die Mechanismen für meinen Schutz würden greifen. Und in der Tat: Es gab politische Reaktionen und diplomatischen Druck.

Das Auswärtige Amt nahm sofort Kontakt zur brasilianischen Bundesregierung auf und wies darauf hin, sollte mir etwas zustoßen, so läge dies in der Verantwortung des Bundesstaates Mato Grosso. Der Nationale Leprakoordinator in Brasilia schaltete sich ein und forderte die Regierung von Mato Grosso auf, die Kündigungen zurück zu nehmen, verbunden mit dem Hinweis, dass die Affäre Brasilien großen internationalen Schaden zufüge. Sollte an den Entlassungen festgehalten werden, so drohte er mit der Streichung von Geldern aus Brasilia. Auch Bischof Stoffel reagierte. Nach dem Motto, die beste Verteidigung ist die Öffentlichkeit, predigte er von der Kanzel und ließ die Bevölkerung durch den lokalen Rundfunk über die Morddrohung informieren. Der Bischof sagte: „Wer Manfredo anfasst, der fasst mich an."

An mich erging die Aufforderung der Arbeitsgemeinschaft Entwicklungshilfe, Mato Grosso sofort zu verlassen. Ich hielt mich nicht daran. Obwohl meine Ehefrau Marisa große Sorge um mich hatte, wenn ich vor die Haustür trat, habe ich die nächsten vierzehn Tage weiter gearbeitet wie zuvor. Angst hatte ich schon, es war ein äußerst beklemmendes Gefühl, ständig damit zu rechnen, dass aus irgendeiner Ecke eine Kugel daherfliegt. Meine Frau reagierte hysterisch, wenn ich später als erwartet nach Hause kam. Zwei Wochen lang weigerte sich der Gouverneur von Mato Grosso, dem Druck aus Brasilia nachzugeben und hielt an den Kündigungen fest. Dann wurden die beiden Mitarbeiter wieder eingestellt, mit einem kuriosen Kommentar aus dem Landesgesundheitsministerium. Er lautete sinngemäß: Man bedauert den Vorfall sehr. Die Entlassungen hat es nie gegeben. Manfredo Göbel hat die ganze Angelegenheit missverstanden, weil er Sprachprobleme mit dem Portugiesischen hat. So hatten alle Beteiligten ihr Gesicht gewahrt. Ich hielt es für angebracht, zu der ganzen Geschichte zu schweigen.

Dass der auf mich angesetzte Berufsmörder noch einmal meinen Lebensweg kreuzen würde, wusste ich damals nicht.

Eines Nachmittags im Mai 1983 machte ich mich mit meinem Geländewagen auf den Weg, um in einem nahe gelegenen Gymnasium eine Reihenuntersuchung durchzuführen. Ich fuhr mit 40 Stundenkilometern auf einer Hauptstraße, als aus einem Seitenweg ein kleiner Lastwagen mit hoher Geschwindigkeit auf mich zuraste. Ich hatte keine Chance auszuweichen und der Transporter fuhr ungebremst in die rechte Seite des Jeeps. Der Aufprall war derart wuchtig, dass mein Wagen auf zwei Rädern auf eine Straßenbar zurollte, deren Gäste fluchtartig das Lokal verließen. Wie durch ein Wunder konnte ich den Jeep gerade noch zum Stehen bringen, ohne dass jemand verletzt wurde. Der Fahrer des Kleinlasters, ein 20-jähriger Mann ohne Führerschein und Arbeiter in einem Zementlager, flüchtete sofort zu Fuß. Ich rannte hinter ihm her, und er brüllte mich an, dass ich schuld an dem Unfall sei. Was meine Wut natürlich steigerte. Als später ein Polizist auftauchte, versuchte der Besitzer des Zementlagers mit ihm zu verhandeln, er bot sogar Schmiergeld an, um das Unfallprotokoll zu seinen Gunsten zu ändern. Gottlob waren einige Zeugen anwesend, die dem Polizisten dringend rieten, den Bericht korrekt anzufertigen. Doch das Protokoll war das Papier nicht wert. Nachdem ich mit heftigen Schmerzen, Blutergüssen und Prellungen einige Stunden in einem Krankenhaus unter Beobachtung stand, ließ ich am folgenden Tag von einer Autowerkstatt einen Kostenvoranschlag für den Schaden an dem Jeep erstellen. Umgerechnet 2.000 Euro sollte die Reparatur kosten. Obwohl der Polizeibericht die Unfallursache eindeutig festgehalten hatte, weigerte sich der Arbeitgeber des jungen Fahrers, die Rechnung zu begleichen. Mir blieb nichts als mein Ärger. In Deutschland würde man bei so einer juristischen Sachlage selbstverständlich vor Gericht sein Recht einklagen. Aber in Brasilien? Der Zementverkäufer gab mir unmissverständlich zu verstehen: „Du kannst ruhig prozessieren. Dann werde ich einige Augenzeugen benennen, die alle deine Schuld an dem Unfall beweisen." Ich beugte mich zähneknirschend dem ungeschriebenen Gesetz der Macht – „Recht hat, wer am meisten bezahlt" – und verzichtete darauf, einen Gerichtsprozess anzustrengen.

Miguel und der deutsche Menschenschinder

Nova Brasilandia war einst eine wildwuchernde Urwaldstadt, in der der Kontrast von Arm und Reich zum Himmel schrie. In der rückständigen Region 300 Kilometer nordöstlich von Rondonopolis gab es ständig Konflikte zwischen Großgrundbesitzern und Landarbeitern mit sehr vielen Toten. Dort lebte ein deutschstämmiger Großgrundeigner namens Otto, der viele seiner Ländereien dadurch erwarb, dass er sich gegen Bezahlung falsche Besitzurkunden ausstellen ließ und den Poseiros das Land wegnahm. Poseiros sind Kleinbauern, die teilweise seit Jahrzehnten ihr Land beackerten, ohne jedoch Eigentumsdokumente zu besitzen. Otto ließ die Zäune um ihr Land mit Traktoren niederreißen und trieb seine Rinder in die Felder, so dass alle Pflanzungen mit Reis, Maniok und Sojabohnen zerstört wurden. Landarbeiter und Bauern wurden von seinen Killertrupps überfallen, ihre Hütten zur Einschüchterung beschossen. Otto war ein gefürchteter, ein brutaler Mann. Mit knallenden Peitschen trieb seine Bande von Pistoleros Alte, schwangere Frauen und schreiende Kinder zusammen wie eine Viehherde. Anschließend wurden die Menschen in Scheunen eingesperrt, während die Killer die

Behausungen der Armen abfackelten. Danach war Otto der Besitzer des Landes.

Der katholische Pfarrer aus Nova Brasilandia, er hieß Miguel, versuchte, die Rechtlosen zu schützen und zu verteidigen. Er zog gegen Otto vor Gericht. Miguel hatte immense Schwierigkeiten bei den Prozessen, weil seine Zeugen immer wieder mit Morddrohungen eingeschüchtert wurden und ihre Aussagen zurücknahmen, so dass Prozesse oft gar nicht zu Ende geführt wurden. Schließlich richteten sich die Drohungen gegen Miguel selbst. Er stand auf Ottos Todesliste und sollte ermordet werden. Auf den Priester wurden mehrere Anschläge verübt, sein Auto wurde beschossen, und hätten nicht Militärpolizisten dazwischen gefunkt, hätte Otto dem Priester eigenhändig eine Eisenstange über den Kopf geschmettert. Nach diesem Vorfall stellte sich der unerschrockene Bischof Stoffel hinter Miguel, charterte einen Bus, um mit dem ganzen Klerus aus Rondonopolis im Urwald eine Solidaritätsmesse für die Poseiros zu lesen.

Ich war oft mit Miguel unterwegs, um nach den Gottesdiensten die Kranken zu behandeln. Wenn er losfuhr, wusste Miguel nie, ob er lebend wieder zurückkommen würde. Er wies mich darauf hin, dass es gefährlich war, ihn zu begleiten. Eines Tages während der Regenzeit wühlte sich unser Landrover durch die verschlammte Piste, als die Straße plötzlich von einem Kleinlastwagen blockiert war, der im Morast stecken geblieben war. Wir stiegen aus. Ein kräftiger Mann stand vor uns, ein herrschsüchtiger Typ, der seinen Angestellten barsche Befehle erteilte. „Hilf ihnen“, bat mich Miguel. „Bitte, zieh die Leute aus dem Schlamm.“ Es war ein hartes Stück Arbeit. Zuerst fällten wir einen kleinen Baum, mit dem wir den Wagen mit vereinten Kräften aus dem Matsch hievten. Schließlich zog ich mit unserem Geländewagen und einer

Seilwinde den Laster aus dem Dreck. Der grobschlächtige Kerl bedankte sich, und wir fuhren weiter. Unterwegs fragte mich Miguel, ob ich wisse, wem ich da gerade aus der Patsche geholfen hätte. „Keine Ahnung. Ein unsympathischer Mensch jedenfalls."

„Das war Otto", meinte Miguel. Mir platzte vor Wut der Kragen. „Hätte ich das gewusst, er hätte im Schlamm verrecken können. Einem solchen Schweinehund und Mörder helfen! Nein!" Das war meine radikale Einstellung. Miguel sah mich verständnisvoll an und grinste. „Er will mich töten und ich hole ihn aus dem Schlamassel. Wer weiß, vielleicht bringt unsere Tat ihn zum Nachdenken."

Ich konnte und wollte Miguel nicht verstehen. Er war selber schließlich auch ein radikaler Theologe, der kompromisslos auf der Seite der Armen stand. Als wir nach der Fahrt an zerstörten Feldern und niedergebrannten Hütten vorbei die Siedlung der Poseiros erreichten, trafen wir niedergeschlagene und resignierte Menschen. Miguel sprach ihnen Mut zu, sie bildeten eine Kommission und engagierten einen Rechtsanwalt, der ihre Interessen gegenüber Otto verteidigen sollte. Wenige Wochen später besaßen die Bauern Dokumente, die sie als rechtmäßige Eigentümer ihres Landes auswiesen. Miguel musste zu seiner Sicherheit schließlich doch noch aus Nova Brasilandia verschwinden und woanders untertauchen. Heute ist er wieder Pfarrer im Ort und wir sind noch immer gut befreundet.

Soweit mir bekannt ist, hat Miguels gute Tat bei Otto kein Nachdenken ausgelöst. Er war ein mieser Charakter und blieb es vermutlich auch bis zum Schluss. Aber im Zuge der Demokratisierung Brasiliens verlor der brutale Despot nicht nur seinen politischen Rückhalt, sondern auch seinen Besitz. Was letztlich aus Otto wurde, ist mir nicht bekannt. Doch ich weiß heute, dass der mutige Menschenfreund Miguel in dem Schlammloch im Urwald genau das Richtige tat. Gewalt löst man nicht mit Hass und neuer Gewalt.

Feuerprobe im Urwald

Miguel rief mich immer wieder nach Nova Brasilandia, wo es viele Lepröse gab. Er selbst wohnte äußerst bescheiden und unter primitiven Bedingungen in einer Missionsstation, ohne Bad und meistens ohne Strom. Ihn während der heißen Trockenzeit zu besuchen, war strapaziös. Fuhr man mit geschlossenen Fenstern, war es heiß wie im Brutkasten, öffnete man die Fenster, war man im Nu von dem feinem, roten Staub der Erdpisten eingenebelt, dass einem die Luft zum Atmen wegblieb. Später fuhr ich nur noch mit einer OP-Maske über Mund und Nase nach Nova Brasilandia. Als ich Miguel einmal für eine Woche besuchte, war die Gegend um die verschlafene Stadt restlos verdorrt. Es gab kein Wasser und das bei Temperaturen von weit über vierzig Grad! Das einzige Wasser der Region wurde aus sechs Kilometern Entfernung in Eimern herangetragen. Jedem Einwohner standen fünf Liter am Tag zu, zum Waschen, Zähneputzen und zum Trinken. Bereits am ersten Tag untersuchte ich 150 Menschen in der Gluthitze des Gesundheitspostens. Nachts zog ich mich hundemüde in eine karge Bretterbude zurück und versuchte, unter einem Moskitonetz zur Ruhe zu kommen. Da bei der Hitze nicht an Schlaf zu denken war, zog ich mein Tagebuch hervor, um im Licht einer Kerze einige Notizen zu machen. Da sah ich plötzlich neben mir, handtellergroß und dunkelbehaart, eine Schwarze Witwe. Ich saß da, halbnackt, in kurzen Hosen und versteinert vor Angst vor dieser äußerst giftigen

Spinnenart, deren Biss zwar nur selten tödlich, dafür aber extrem schmerzhaft ist. Ich rannte sofort raus. „Miguel, in meinem Zimmer ist eine Schwarze Witwe." Er reichte mir nur einen Besen, und ich schlug das Vieh tot. Anschließend wollte ich mich draußen mit ein paar Tropfen Wasser erfrischen. Im Dunkeln tastete ich mich vor zu Miguels winzigem Waschkabuff, als es merkwürdig rasselte. Im Schein meiner Taschenlampe zischte mich eine Klapperschlange an. Ich war verängstigt, zumal mir Miguel dringend empfahl, die Fenster in meinem Zimmer geschlossen zu halten, damit keine Giftschlangen hineinkrabbelten. In einem Krämerladen um die Ecke kaufte ich mir eine Dose mit Moskitospray. Ich versuchte zu schlafen, in der einen Hand die Taschenlampe, in der anderen das Spray. Sobald nur das leiseste Rascheln zu hören war, saß ich senkrecht auf meiner Pritsche und sprühte wie ein Verrückter um mich.

Als ich mich, ohne auch nur eine Minute geschlafen zu haben, am nächsten Morgen auf den Weg zum Gesundheitsposten machte, merkte ich, dass ich tags zuvor einen Fehler gemacht hatte. Schwitzend in der brütenden Hitze und von ständigem Durst gequält hatte ich von dem abgestandenen, verschmutzten Wasser getrunken. Ich fühlte mich schwach, mein Magen rebellierte, und über 200 Kranke warteten auf mich. Ich sah mir nur wenige Patienten an, dann wurde ich selber krank. Ich schaffte es gerade noch, mich zu meinem Zimmer zu schleppen, als ich nicht mehr an mich halten konnte. Da Miguel über keine Toilette verfügte, musste ich hinaus in den Busch. Immer wieder. Miguel erleichterte meine Misere nicht gerade durch seinen Spott: „Pass auf, dass dir keine Schlange in den Hintern beißt." Die Durchfälle wurden immer schlimmer, ich verlor alle Kraft, konnte keinen Schritt mehr tun und bekam heftige Schweißausbrüche. Das Fieber kletterte auf 40

Grad, so dass Miguel und zwei Ordenschwestern sich ernstliche Sorgen machten. Sie bastelten ein Gestell für eine Infusionsflasche, und ich bekam eine Kochsalzlösung verabreicht. Ich fühlte mich besser, stand auf und brach prompt wieder zusammen. Das Fieber wurde stärker und allmählich lebensbedrohlich. Einen Arzt gab es in Nova Brasilandia nicht. „In diesem elenden Nest willst du nicht sterben“, war das einzige, was mir noch durch den Kopf ging. Dann fanden die Nonnen irgendwo eine alte Ampulle Chloramphenicol, ein Antibiotikum, das sie mir spritzten. Am nächsten Tag fühlte ich mich besser und wollte entgegen allen Verboten zurück in ein Hospital nach Rondonopolis fahren. „Du bist verrückt, in diesem Zustand schaffst du keine 300 Kilometer Pistenstraße“, warnten mich die Ordensfrauen. Da sie mich nicht aufhalten konnten, kochten sie mir einen Heilkräutertee gegen Magenverstimmung und ich fuhr los. Wohlbehalten erreichte ich das Pfarrhaus der Franziskaner, wo mein Schimpferfreund Frei Octaviano sich wegen meiner Verspätung schon Sorgen machte. Wie immer hatte er für mich ein Bier im Kühlschrank kaltgestellt. Ich machte einen zweiten Fehler und trank eine halbe Flasche. Danach fand ich mich im Krankenhaus wieder. Die Diagnose lautete: schwere Salmonellenvergiftung. Eine Woche musste ich flach liegen, danach noch drei Wochen strikte Ruhe und eine Reiswasserdiät einhalten, was mir wirklich schwer fiel. Am meisten jedoch war ich schockiert, als mir die Ärzte mitteilten, was mir das Leben gerettet hatte: jenes kleine Fläschchen Antibiotika, dass die Schwestern von Nova Brasilandia per Zufall gefunden hatten. Es war die einzige Ampulle gewesen und die Wirkung hatte gerade für den Rückweg nach Rondonopolis gereicht. Ohne dieses Medikament wäre ich im Urwald gestorben. Ein Franziskaner sagte nach meiner Genesung: „Manfredo, das war deine Feuertaufe.“

Um mir weitere Taufen dieser Art zu ersparen, hatte Frei Octaviano einen Tipp parat. Gegen Magenprobleme aller Art sowie zur Abwehr von Darmwürmern, die sich bei der Staubschluckerei während der tagelangen Fahrerei durch die Prärie, bei dem schlechtes Essen und verdorbenen Wasser bei mir zwangsläufig einstellten, empfahl der Franziskaner: „Tres Facendas und ein paar ausgepresste Zitronen". Ersteres ist ein starker Zuckerrohrschnaps, der so ziemlich alles abtötet, was im Darm nichts zu suchen hat. Ich kann nicht beurteilen, ob die Mixtur wirklich hilft, Octaviano jedenfalls schwor auf dieses Zeug.

Radio Clube

Jeden Samstag saß ich morgens um 6.30 Uhr im Studio des lokalen Rundfunksenders „Radio Clube" für eine halbstündige Livesendung, in der ich Aufklärung über Lepra betrieb und praktische Gesundheitsfragen erörterte. Zudem bot sich am Mikrofon die Gelegenheit, allerhand Missstände zu kritisieren. Ich machte auf die Misere in der Lepraarbeit aufmerksam, prangerte das Fehlen von Medikamenten und Impfstoffen an und nannte die Schuldigen beim Namen. Die sozialen Ursachen des Elends und die wachsende Kluft zwischen Arm und Reich waren mein Dauerthema. Auch die Landesregierung von Mato Grosso bin ich scharf angegangen. Und, wie ich meine, zu Recht. Meine Mitarbeiter im Leprazentrum erschienen morgens hungrig zum Dienst, einige brachen während der Arbeit vor Schwäche zusammen. Sie hatten kein Geld, um Nahrungsmittel zu kaufen, weil sie sechs Monate lang kein Gehalt erhalten hatten. Eine dramatische Situation, Mitte der achtziger Jahre gegen Ende der Militärdiktatur.

Man kann sich das kaum vorstellen. Da weigert sich der Staat ein halbes Jahr lang, seine Angestellten zu bezahlen, zugleich aber fordern die staatlichen Elektrizitäts- und Wasserwerke ihre Kunden auf, laufende Rechnungen pünktlich zu begleichen. Wer nicht zahlte, dem wurden Zinsen berechnet und der Hahn abgedreht. Und das bei einer Inflationsrate, die damals bei über zwanzig Prozent pro Monat lag. Wir haben dann für Mitarbeiter im Leprazentrum eine Suppenküche errichtet, was nichts daran änderte, dass sie letztlich gezwungen waren, in Streik zu treten, wofür sie auch noch schikaniert und bedroht wurden.

Auffällig war, dass die vielen Zuhörer, die mich während der Sendungen im Radio Clube anriefen, zwar Fragen rund um die Krankheit Lepra stellten, sich aber nie zu politischen Themen äußerten. Es herrschte ein Klima der Angst, niemand wollte öffentlich eine oppositionelle Haltung bekunden. Kritischen Angestellten im öffentlichen Dienst drohte die Kündigung, Arbeiter in privaten Unternehmen riskierten, gefeuert zu werden. Ich arbeitete damals eng mit der Menschenrechtskommission und einem Rechtanwaltsehepaar der Diözese Rondonopolis zusammen, das von dem deutschen katholischen Hilfswerk Misereor finanziert wurde. Bei Angela und ihrem Ehemann Ary fanden die Mittellosen unentgeltlich juristischen Beistand. Sie ist heute Richterin und er lehrt als Juraprofessor, damals jedoch schwebten die beiden ständig in Gefahr. Sie setzten sich für Bauern ein, die gewaltsam vertrieben oder gezwungen wurden, ihr Land zu Spottpreisen an Zuckerrohrfabriken zu verkaufen, und sie kämpften für Besitztitel der Landlosen und für Arbeiter, die unter sklavischen Bedingungen für Hungerlöhne schufteten. Ständig wurde das Ehepaar bedroht und musste um sein Leben fürchten. Aber Angela und Ary waren mutig und zeigten niemals Angst.

Ich war zu der Zeit sehr starrsinnig in meinen Ansichten. So schnell wie ich wütend wurde, so schnell war ich auch mit harter Kritik bei der Sache. Als ein befreundeter Arzt zum Gesundheitsminister berufen wurde, rief er mich noch am selben Tag an und wünschte sich: „Ich hoffe, ich überstehe meine Amtszeit, ohne öffentlich von dir kritisiert zu werden." Dass ich die Jahre im Radio Clube ohne jede Drohung überstand, wundert mich noch heute.

Diamanten und das versiebte Leben

Weil in den Armensiedlungen niemand eine Zeitung las, alle jedoch Rundfunk hörten, wurde Radio Clube mein Lautsprecher, der in der ganzen Gegend verkündete, wann und wo wieder eine Gesundheitskampagne stattfinden sollte. So auch in Alto Coité, einem rauen Nest mitten im Busch unweit von Poxoreo. In dem Kaff lebten nur dreihundert Leute. Hinzu kamen achthundert Garimpeiros, Edelsteinwäscher, die draußen in den Camps nach Diamanten suchten. Außerdem hatte der Ort eine große Zahl von Prostituierten angelockt.

Die Garimpeiros arbeiteten für die Besitzer der Claims immer in Gruppen zu je sieben Mann. Fanden sie einen Diamanten, erhielt jeder fünf Prozent vom Verkauferlös, 65 Prozent kassierte der Claim-Eigner. Davon zahlte er Wasserpumpen, Maschinen sowie Reis und Bohnen für die Arbeiter. Außerdem entlohnte er einen Garimpeiro seines Vertrauens, der überwachte, dass niemand heimlich einen Diamanten in die eigene Tasche verschwinden ließ. Die Arbeiter hausten in Palmhütten unter Plastikplanen, ihr Essen war schlecht, ihr Trinkwasser ungenießbar. Jeden Tag standen sie im knietiefen Wasser zehn, zwölf Stunden in der prallen Sonne und spülten mit Hochdruckspritzen Kies aus dem Erdreich, der anschließend über verschiedene Förderbänder lief, gewaschen und durchgesiebt wurde. Am letzten Band der Fördermaschine sammelten sich die kleinsten Steine, unter denen sich Diamanten befinden konnten. Keinem der Garimpeiros war es erlaubt, sich allein hier aufzuhalten. Zweimal am Tag wurde die Maschine abgestellt und alle aus der Gruppe traten gemeinsam an das letzte Förderband. Der Kiessand wurde in Eimer abgefüllt und zum Fluss getragen, wo er in flachen Sieben durchgewaschen wurde. Ich habe den Garimpeiros oft über die Schulter geschaut, aber niemals auch nur einen einzigen Stein als Diamanten erkannt. Man braucht ein sehr geschultes Auge, um die Rohdiamanten zu entdecken. Doch nur die wenigsten Steine sind so rein und wertvoll, dass sich ein Schliff lohnt, um sie zu Schmuck zu verarbeiten, die meisten Diamanten dienen Industriezwecken und bringen entsprechend weniger Geld. Um einander zu kontrollieren, sind beim Aussieben alle Edelsteinwäscher zugegen. Sie wissen sofort, wie viel Karat ein Stein hat und wie viele Real der Besitzer des Claims beim Verkauf dafür erhält.

Wenn ich bei den Garimpeiros meine Untersuchungen machte, haben sie mir öfter einen kleinen Stein oder auch ein paar Goldkörner geschenkt. Die Digger hofften alle auf den großen, den legendären Edelstein, der sie mit einem Schlag reich machen würde. Dafür versiebten die Abenteurer von Alto Coité ihr Leben, im wahrsten Sinn des Wortes. Es sprach sich in Windeseile herum, wenn tatsächlich Diamanten im Wert von 10.000 oder 20.000 Dollar gefunden wurden, die den Wäschern einiges Geld brachten und den Lockruf der Steine nur erhöhten. Zum Schutz vor Raubüberfällen hatten sich die Garimpeiros alle bewaffnet und auch ansonsten waren sie harte Burschen, die ihre Konflikte oft mit brutaler Gewalt lösten, vor allem wenn sie zuviel Cachaca intus hatten. Sie tranken Zuckerrohrschnaps wie Wasser. Besonders an den Wochenenden, wenn Kneipen und Bordelle Alto Coité in eine Wildwestspelunke verwandelten. Bei meinen Besuchen passierte es immer wieder, dass ich mit meinem Jeep im tückischen Kiessand stecken blieb und nicht mehr weiter kam. Es war eine Ehrensache für die Männer, mir zu helfen. Aber eine Flasche Cachaca, so meinten die Diamantenschürfer stets grinsend, „Manfredo, die sollte doch wohl drin sein."

Einer ruft und niemand kommt

Nun hatte Radio Clube eine aufwendige Gesundheitskampagne unter den Garimpeiros von Alto Coité vermeldet. Angekündigt war eine Untersuchung der Bevölkerung auf Hauterkrankungen, verbunden mit einem Diavortrag in dem Versammlungssaal der Gemeinde. Jedermann war eingeladen. Um 20 Uhr hatte ich meinen Diaprojektor und die Leinwand aufgebaut und wartete mit einer kleinen, rundlichen Krankenschwester auf die ersten Besucher. Sie hatte mich schon gewarnt: „Wahrscheinlich kommt niemand. Um diese Zeit sitzen die Männer in den Kneipen und betrinken sich." Sie behielt Recht. Bis 20.30 Uhr war niemand zu meinem Vortrag erschienen und es würde auch niemand mehr erscheinen. Ich packte meine Sachen zusammen und sagte zu der Schwester: „Wenn die nicht zu uns kommen, gehen wir zu ihnen." Sie war entsetzt. „Du spinnst wohl", meinte sie angesichts der Aussicht, unter Huren und grölenden Männern in verruchten Räuberhöhlen sitzen zu müssen. Ich machte mich auf den Weg zu den Buschkneipen und baute meinen Projektor draußen vor einer weißen Hauswand auf. Dann schloss ich einen

Lautsprecher an meine Autobatterie, drehte voll auf und legte los.

„Hautkrankheiten, heute Abend hier! Und schöne Bilder aus Deutschland!“, rief ich und machte lautstark Werbung für meinen Vortrag. Die ersten Männer schauten neugierig herüber, dann kamen sie an, zuerst vereinzelt, dann immer mehr. Schließlich war der ganze Platz gerammelt voll, mindestens dreihundert bis vierhundert Leute. Ich sprach sehr einfach und machte zwischendurch ein paar Witze, um die Stimmung aufzuheitern. Ich erzählte von Deutschland und zeigte Bilder aus meiner alten Heimat, was die Männer brennend interessierte. Erstaunt reagierten sie auf Lichtbilder von schmucken Häusern mit schönen Gärten und gepflegten Blumenanlagen, die nicht von meterhohen Zäunen und Mauern umgeben waren, weil niemand nächtliche Raubüberfälle zu fürchten hat. Dass Menschen in so geordneten Verhältnissen lebten, schien den armen Garimpeiros in ihren Drecklöchern unbegreiflich. Als ich dann noch mitten im tropischen Busch Bilder von Winterlandschaften im Schnee an die Wand projizierte, hatte ich die Gunst der Zuschauer auf meiner Seite. Ich sprach über meine Heimatstadt Eichstätt, zeigte ein Bild der „Hofmühlbrauerei“ und erwähnte, dass diese Brauerei 1492 gegründet wurde, immerhin achtzehn Jahre bevor der Portugiese Cabral erstmals im heutigen Porto Seguro in Brasilien landete.

„Wir Deutschen tranken schon Bier, da wart ihr noch gar nicht entdeckt“, rief ich den Männern zu. Das gefiel ihnen, und sie wollten alles über deutsches Bier wissen; wie es schmeckt, wie teuer es ist, wie viele Sorten es gibt. Vollends begeisterten mein Publikum schließlich Bilder vom Oktoberfest, wobei die blonden Kellnerinnen mit den vollen Maßkrügen vor der Brust ganz besonderen Applaus ernteten.

Abgesehen von einigen sturztrunkenen Männern, die ein

bisschen herumbrüllten, hatte ich die Aufmerksamkeit der Leute gewonnen, um nun in schlichten Worten von Lepra erzählen zu können, von kleinen Tierchen, mit Namen Bazillen, die die Haut und Nerven angreifen, und die mit Medikamenten getötet werden müssen, damit sie keinen Schaden anrichten und den Körper ruinieren. Danach zog ich einen Bleistift hervor und erklärte den Männern eine simple Untersuchungsmethode.

„Wer helle Hautflecken an sich entdeckt, kann einen Test machen. Piekst mit einer Bleistiftmine oder Kugelschreiberspitze in die Haut hinein. Wenn ihr nichts spürt und die Stelle gefühlstaub ist, dann habt ihr möglicherweise die Krankheit Hanseniase. Dann müsst ihr euch bei uns zur Untersuchung melden. Falls ihr diese Bazillen in euch habt, müsst ihr Medikamente einnehmen und werdet gesund. Wenn ihr das nicht macht, ...“ – nach diesen Worten setzte ich auf die massive Schocktherapie – „dann seht ihr nachher so aus ...“

Ich projizierte Aufnahmen von verstümmelten Gliedmaßen, Krallenhänden, abgefaulten Fingern und vereiterten Wundstümpfe an die Wand. Zugleich erklärte ich die Brandherde für die Verbreitung der Hanseniase mit Szenen, wie sie jeder aus Alto Coité tagtäglich vor Augen hatte. Müll und Abfallberge neben den Häusern, Abwasserkloaken in den Straßen, Dreck und Unrat in den Hütten. „Hier leben die Bazillen besonders gern“, sagte ich, „deshalb ist es gut, wenn ihr eure Siedlung sauber haltet und auf eure Hygiene achtet.“

„Ja, ja“, antworteten die Männer. „Genauso ist es. Da hast du recht.“ Nach meinem Vortrag trank ich mit ihnen noch ein Bier, was sie sehr freute. Es bedeutete ungeheuer viel für sie: Da kommt einer aus dem reichen Europa, ein Doktor offenbar, der ihnen helfen will, und sich nicht zu fein ist, in einer schäbigen Spelunke ein Bier und einen Cachaca mit ihnen zu teilen. Ich hatte alle Sympathien gewonnen, vielleicht auch, weil sie spürten, dass ich gern mit ihnen zusammen war.

Die nächsten zwei Tage untersuchte ich in der schwülen Tropenhitze über vierhundert Personen, Frauen und Kinder aus dem Dorf, Garimpeiros und Huren. Ich entdeckte 25 neue Leprafälle, über die Hälfte davon in einem weit fortgeschrittenen Stadium, und einige Tuberkulosekranke. Darunter war eine junge hübsche Frau von 25 Jahren, eine Prostituierte, die gleichzeitig an Lepra, Lungentuberkulose und Syphilis erkrankt war. Sie tat mir sehr leid. „Mädchen, such dir einen anderen Ort. Hier machst du dein Leben kaputt."

„Du hast gut reden", erwiderte sie. „Für dich ist es einfach. Du weißt, wo du hingehörst, aber ich weiß nicht, wie ich sonst überleben soll." Dennoch musste ich ihr dringend raten, ihre Geschäfte zu lassen, auch um andere nicht anzustecken. Was aus ihr geworden ist, weiß ich nicht. Es gab viel zu viele Frauen, die sich auf ihren armseligen Pritschen verkauften. Für nicht mehr als die täglichen Mahlzeiten und ein paar Drinks.

Von dem Reichtum, der mit den Diamanten um die Stadt Poxoreo erwirtschaftet wurde, blieb nichts in der Region. Die Edelsteine wurden illegal außer Landes gebracht und damit auch mögliche Steuereinnahmen. Aus Poxoreo hätte eine blühende Stadt werden können, doch sie blieb nur ein staubiges, heißes und heruntergekommenes Provinznest. Als die Garimpeiros am Ende des Edelsteinbooms wieder verschwanden, hinterließen sie nur Armut und eine zerstörte Umwelt, eine gigantische Mondlandschaft, kaputt und öde. Nur wenige waren klug genug, um mit ihren Gewinnen Farmland zu erwerben, wo sie heute Rinder züchten. Der Rest zog weiter, infiziert vom Diamantenfieber oder vom Goldrausch, als heimatlose Nomaden, auf der Suche nach neuen Claims für ihren alten Traum vom Glück.

Antonio und seine Patin

Recht und Ordnung galten unter den Edelsteinwäschern nur bedingt. Immer wieder sah man Kinder, die trotz des staatlichen Verbots der Kinderarbeit schaffen mussten, um den Unterhalt ihrer Familien zu sichern. Sie schippten Kies, fuhren schwere Schubkarren, schleppten Säcke und Sandeimer, und das zehn Stunden am Tag. Einer dieser Jungen war der zwölfjährige Antonio. Er hatte sich unter rauen Männern zu bewähren und schon früh deren Verhaltensweisen angenommen. Er war noch ein Kind und trank bereits Schnaps. Was niemand wusste: Antonio war mein Patient. Er musste vor sozialer Ausgrenzung geschützt werden. Er hatte Lepra. Als ich ihn traf, begleitete mich der deutsche Journalist Winfried Kurrath, der den Jungen fragte, ob er in die Schule gehe. „Nein, wir haben kein Geld. Ich muss für meine Geschwister sorgen." Sein Vater hatte Antonios Familie verlassen und sein Sohn hauste nun mit seiner Mutter und vier Geschwistern in einer Hütte im Busch. Kurrath war von Antonios Schicksal so betroffen, dass er in Deutschland einen Bericht über ihn veröffentlichte, woraufhin sich eine ältere Dame meldete und anbot, dem Jungen die Schulausbildung und ein Studium zu finanzieren. Von dem Geld, das die Frau regelmäßig spendete, kauften wir Bücher, Unterrichtsmaterial und bezahlten davon das Schulgeld. Heute ist Antonio verheiratet und lebt mit seiner Familie in Rondonopolis.

Die Dame aus Norddeutschland, sie muss um die 85 Jahre alt gewesen sein, machte das Schicksal Antonios nicht nur zu ihrer Herzensangelegenheit, sondern auch zu einer leidenschaftlichen Dauerbeschäftigung. Sie bestand darauf, dass ich ihr Antonios Schulzeugnisse zuschicke, damit sie seine Lernfortschritte begutachten konnte. Einmal war sie ziemlich erbost, weil sie ein Zeugnis erst mit Verspätung erhielt. Ständig fragte sie nach, ob Antonio auch wirklich ein guter und fleißiger Schüler sei. Wenn ich nicht prompt antwortete, weil ich nicht in der entlegenen Region war und auch anderes zu tun hatte, als Berichte über Antonios Lernfortschritte zu schreiben, verfasste sie Beschwerdebriefe an meinen Arbeitgeber, die DAHW in Würzburg. Das nervte mich, nicht, weil sie meine Zeit in Anspruch nahm oder ich ihr Engagement nicht schätzte, sondern weil ihre Patenschaft mir nicht der richtige Weg schien, Menschen zu helfen. Ich muss erläutern, weshalb.

Als wir anfingen, Antonio zu unterstützen, tauchten andere Familien mit Kindern auf und verlangten von mir eine Erklärung. Ich geriet in große Schwierigkeiten. Ich hatte den Jungen aus seinem Milieu, aus seiner Gemeinschaft herausgeholt, die sich fragte, warum es einem von ihnen ohne ersichtlichen Grund plötzlich besser ging. Es entstand ein ungeheueres Misstrauen. Antonio war nicht mehr einer von ihnen, sondern etwas Besonderes. Doch es gab viele arme Familien mit arbeitenden Kindern in der Gemeinde, die fragten: „Warum hilfst du Antonio, aber meinen Kindern nicht? Was haben wir getan? Warum bekommen wir nichts!?" Ich musste die Wahrheit verschweigen. Niemals hätte ich den Leuten sagen dürfen, was den Jungen von anderen Kindern unterschied. „Antonio erhält Hilfe, weil er an Lepra erkrankt ist." Damit hätte ich den kleinen Kerl ans Messer geliefert. Jeder in Alto Coité hätte ihn gemieden. Er und seine Familie hätten das Dorf verlassen müssen.

Ich bin ein entschiedener Gegner privater Patenschaften. Sie stiften nur Unfrieden zwischen denen, die etwas bekommen, und denen, die leer ausgehen. Angemessener ist das Modell, das seriöse Hilfsorganisationen praktizieren, nämlich die Strukturen in den Gemeinden zu verbessern, so dass alle davon einen Nutzen haben. Mit der Deutschen Lepra- und Tuberkulosehilfe finanzieren wir keine Individuen, sondern Sozialprogramme für bedürftige Kranke, die wegen ihren schweren Behinderungen nicht arbeiten und für sich selber sorgen können. Natürlich ergibt es Sinn, wenn Spendengelder dazu genutzt werden, in Großstädten wie Cuiabá Kindern aus mittellosen Leprafamilien den Besuch einer Schule und den Ausstieg aus der Armut zu ermöglichen. Aber nur, wenn dahinter ein soziales Entwicklungskonzept steckt, von dem nicht nur einzelne Privatpatenkinder profitieren. So fördern wir Kindergärten, Schulen oder Kindertagesstätten, die ein Kontingent an Plätzen für Mädchen und Jungen aus Leprafamilien freihalten, die nicht in der Lage sind, für den Besuch der Einrichtungen aus eigener Kraft zu bezahlen. Das hat den Vorteil, dass diese Leprakinder anonym bleiben und keine soziale Diskriminierung zu fürchten brauchen.

Lernen

Brasilianische Tugenden: Höflichkeit und Geduld

Als Entwicklungshelfer in Brasilien anzukommen, dass heißt zunächst einmal: Lernen. Wer die Mentalität der Menschen nicht versteht, tritt ständig in Fettnäpfchen oder, schlimmer noch, er verbaut sich die Möglichkeiten einer guten und fruchtbaren Zusammenarbeit. Zu Beginn meiner Zeit in Rondonopolis nutzte ich ein freies Wochenende zum Entspannen und fuhr mit drei Ärzten an einen Fluss zum Fischen. Am Sonntagmittag kehrten wir in die Stadt zurück, als einer der Angelfreunde uns in sein Haus zum Mittagessen einlud. Hungrig und erfreut ob der unverhofften Einladung sagte ich bedenkenlos zu. Der Gastgeber führte uns in sein Wohnzimmer und druckste verlegen herum. Es stellte sich heraus: In seinem Kühlschrank herrschte gähnende Leere. Die Kochtöpfe waren leer. Es gab nichts zu essen. Sein Kollege nahm mich zur Seite. „Manfredo, du musst etwas lernen. Nimm nicht alles wörtlich. Es gibt Einladungen, die werden ausgesprochen, um abgelehnt zu werden. Uns ein Essen anzubieten, war ein Akt der Höflichkeit. Mehr nicht. Man reagiert darauf ebenfalls höflich und lehnt dankend ab."

Wenn ich bei meinen Leprauntersuchungen unterwegs war, wurde mir selbst in der ärmsten Hütte immer ein Cafezinho angeboten. Anfangs sagte ich meistens ja zu einem Tässchen. Nur, die Familien hatten oft gar keinen Kaffee und besaßen auch kein Geld, welchen zu kaufen. Lehnte ich jedoch eine Tasse Kaffee ab, konnte das Ausschlagen der Einladung schnell als Beleidigung aufgefasst werden. Ich fand einen Weg aus dem Dilemma, indem ich bei jedem angebotenen Kaffee sagte, „Ja gern, aber nur wenn er heiß und schon fertig ist." Wenn ich bei den Landbauern nächtigte, wurde ich abends auch zum Essen eingeladen. Mir war das äußerst peinlich, weil die Menschen oft ihr letztes Huhn schlachteten, um es mir auftischen zu können. Die Familie steht dann hinter einem und schaut zu, wie man isst, während man selber weiß, dass die Leute hungern. In den ersten Wochen in Brasilien servierte man mir einmal ein ganzes gebratenes Hühnchen. Mit Rücksicht auf die Menschen und um ihnen eine Mahlzeit übrig zu lassen, nahm ich nur wenig. Mit der Gastgeberin entspann sich folgender Dialog:

„Schmeckt es Ihnen etwa nicht?"

„Oh doch, es schmeckt vorzüglich."

„Sie sind bestimmt besseres Essen gewohnt. Aber wir sind arme Leute. Mehr können wir Ihnen leider nicht bieten."

„Aber nein. Das Essen schmeckt wirklich wunderbar."

„Und warum nehmen Sie dann nur so wenig?"

„Ich esse immer so wenig."

„So sehen Sie aber nicht aus!"

Um die Frau nicht zu beleidigen, habe ich den Teller restlos leer gegessen. Es hat sie glücklich gemacht, auch wenn es die Familie ein Opfer gekostet hat. Nie habe ich erlebt, nicht zu Tisch eingeladen worden zu sein. Das ist ein Riesenunterschied zu Deutschland. Während meiner Besuchsreisen passierte es einige Male, dass Leute sagten: „Entschuldigen Sie, Herr Göbel, können Sie vielleicht in einer Stunde wiederkommen? Wir sind gerade beim Mittagessen." Das sagt in Brasilien niemand.

Neben der Gastfreundschaft ist die Höflichkeit das Fundament, auf dem die sozialen Umgangsformen der Menschen in Brasilien gründen. Mir war die „Cortesia“ zuerst fremd. Da ich es aus Deutschland gewohnt war, immer gerade heraus zu sagen, was ich dachte, brauchte ich lange Zeit, mich an die liebenswerte brasilianische Art von Freundlichkeit zu gewöhnen. Mit ihr umzugehen, erfordert einiges an Fingerspitzengefühl. Nach dem ungeschriebenen Gesetz der Cortesia ist es verpönt, jemandem die Wahrheit direkt ins Gesicht zu sagen, besonders dann, wenn es eine Wahrheit der unangenehmen Art ist. Eine Redensart in Brasilien lautet: „Eine geschminkte Wahrheit ist noch lange keine Lüge.“

In späteren Jahren, als ich längst in Mato Grossos Hauptstadt Cuiabá lebte, besuchte mich ein Arzt aus Deutschland, ein sehr engagierter und hilfsbereiter Mann. Er wollte im Norden des Landes 800 Kilometer von Rondonopolis entfernt ein Krankenhaus bauen, in einem kleinen Buschnest, wo die medizinische Versorgungslage miserabel war. Er klagte: „Ich fahre ständig in den Urwald, und immer werde ich gastfreundlich aufgenommen. Der einzige Arzt vor Ort und der Bürgermeister empfangen mich wie einen guten Freund. Sie sind sehr zuvorkommend und reagieren begeistert, wenn ich mein Krankenhausprojekt vorstelle. Doch immer dann, wenn ich anfangen will zu bauen, gibt es irgendeinen Grund, warum die Sache nicht ins Rollen kommt. Ich verstehe das nicht.“

Ich verfügte über genügend Erfahrungen, um dem frustrierten Mann den Grund seines Kummers zu erklären. „Ganz klar. Der Bürgermeister und der Arzt sind gegen dein Krankenhaus. Wenn du ein Hospital baust, nimmst du dem Arzt die Patienten weg. In so einem Urwaldstädtchen sind der einzige Mediziner und der Bürgermeister selbstverständlich befreundet. Und du bist ein Ausländer, der in ihre Welt eindringt. Das wollen sie nicht."

„Und warum sagen sie mir nicht, dass sie kein Krankenhaus wollen?"

„Aus Cortesia, aus dem Prinzip der Höflichkeit heraus."

Egal ob bei den Treffen der Bauern in den Dörfern oder bei Konferenzen im Gesundheitsministerium, ich musste lernen, dass man eines nie tun darf: jemanden mit einer direkten Ablehnung gegen den Kopf zu stoßen. Das in Deutschland so geschätzte „offene Wort" ist in Brasilien eine Untugend. Wenn in Diskussionsrunden unbrauchbare Vorschläge gemacht oder abwegige Ideen geäußert werden, so darf man seine Meinung darüber seinem Gesprächspartner niemals offen zeigen. Typisch deutsche Kommentare wie „Das kannst du vergessen" oder „Das bringt nichts" sind tabu. Brasilianer sind feinfühlig und verfügen über ein subtiles Repertoire von Redewendungen und Andeutungen, ihre Ablehnung auf höflichere Weise zu bekunden. Wer um den heißen Brei herumredet, bekundet schließlich auch, dass die Angelegenheit heikel ist. Wer die Gesetze der Cortesia verletzt, der beleidigt sein Gegenüber. Und das verschließt die Türen. Ich habe deutsche Diplomaten kennen gelernt, die in Brasilien keinen Fuß an den Boden bekamen und sich nicht halten konnten. Mit ihrer direkten und schroffen Art, Missstände zu kritisieren, haben sie sich keine Verbündeten, sondern nur Feinde geschaffen. Unter guten Freunden, die seit Jahren miteinander vertraut sind, ist ein offenes und klares Wort natürlich möglich. Wenn ich jedoch als Repräsentant der DAHW auftrete, ist die Cortesia absolute Notwendigkeit. Meine Art zu reden, wie mir der Schnabel gewachsen ist, hat mich früher des Öfteren in Schwierigkeiten gebracht. Da habe ich wirklich einiges an Lehrgeld bezahlt. Heute ist mein Sinn dafür geschärft, hinter freundlich höflichen Floskeln die wahren Ansichten meines Gegenübers zu erspüren. Manchmal verhalte ich mich sogar brasilianischer als ein Brasilianer. Immer dann, wenn Freunde, Partner oder Mitarbeiter sagen: „Manfredo, wickele uns nicht ein. Komm endlich zur Sache."

Neben der Gastfreundschaft und der Höflichkeit ist die „Paciencia" eine dritte brasilianische Tugend, die dem Europäer eher fremd ist. Ohne Paciencia, ohne Geduld, geht gar nichts. Als ich mit meiner deutschen Mentalität hierher kam, wollte ich sofort mit der Arbeit loslegen. Zu festen Zeiten und unter klar umrissenen Bedingungen. Warten war mir zuwider. Warten, das hieß nur: vertane, verplemperte Zeit. Schnell und effizient, so wollte ich die Probleme angehen. Aber so läuft das Leben in Brasilien nicht ab. Gespräche brauchen Zeit. Viel Zeit sogar. Planungstreffen und Diskussionen ziehen sich in die Länge, und was heute für morgen beschlossen wird, muss lange noch nicht am nächsten Tag in die Tat umgesetzt werden. „Was du heute kannst besorgen, das verschiebe nicht auf morgen." Dieses Sprichwort käme keinem Brasilianer in den Sinn. Hier sagt man „Amanha". Das heißt morgen. „Morgen ist auch noch ein Tag." Amanha! Das hat etwas ungeheuer Entlastendes, aber es kann einen auch zur Weißglut treiben. Gerade beim Umgang mit Ämtern und Behörden. Ich hätte explodieren können vor Wut, als mir eine freundliche Dame im Gesundheitsamt hinter ihrem Schalter zum weiß Gott wievielten Male erklärte, das ersehnte Formular läge „amanha" ganz bestimmt vor. Als ich nach zwei Wochen mit meiner Geduld am Ende war, sagte sie nur lächelnd: „Amanha com certeza". Morgen mit Sicherheit.

Pünktlichkeit ist auch so ein Thema. Wenn in Hamburg, Berlin oder in München eine Konferenz für acht Uhr anberaumt ist, dann sitzen um fünf nach acht alle Teilnehmer zusammen. Das kann man in Brasilien vergessen. Wenn Professoren ihre Vorlesung um neun Uhr beginnen wollen, setzen sie den Termin eine Stunde früher an. Ich habe in den ersten Jahren sehr darunter gelitten, dass ich zu jedem Treffen pünktlich erschien, wie ein Ministrant sogar reichlich vor der Zeit. Ich war immer der Erste und habe dann eine halbe Stunde auf die anderen gewartet. Bis mir klar wurde, niemand ändert sein Verhalten meinetwegen. Ich muss mich ändern. Heute habe ich mich so gut angepasst, dass ich derjenige bin, der zu Terminen zu spät kommt.

Dass ich manchmal überhaupt zu vereinbarten Treffen erschien, verdanke ich jedoch einer gehörigen Portion Glück. Heute würde ich sagen, einem guten Schutzengel.

Ein Schuss, eine Blondine und der Alptraum einer Nacht

Obwohl ich gern mit meinem Jeep unterwegs bin, ist das Autofahren in Mato Grosso alles andere als ein Vergnügen. Vor allem nicht zur Zeit der Sojabohnenernte, im März und April, wenn Lastwagen von der fruchtbaren Hochebene zu den Häfen von Sao Paulo und Parana die Straßen beherrschen. Die Fahrer haben oft Strecken von 3000, 4000 Kilometern zu bewältigen, und je schneller sie am Ziel sind und umso mehr Touren sie am Monatsende hinter sich gebracht haben, desto höher ist ihr Verdienst. Viele dieser Asphaltcowboys ignorieren die vorgeschriebenen Ruhepausen, halten sich mit Aufputschmitteln wach und brettern ohne Rücksicht auf Verluste los. Einmal fuhr ich von Cuiabá zu einem wichtigen Termin nach Rondonopolis und kam einfach nicht voran. Die schwer beladenen Sojalaster krochen über die Straße und fuhren so dicht nebeneinander, dass ich gezwungen war, hinter ihnen herzuschleichen. Ich wurde immer ärgerlicher, da mich einer dieser Fahrer beharrlich ignorierte und ein Überholen unmöglich machte. Als ich es endlich schaffte, an dem LKW vorbeizuziehen, war ich so wütend, dass ich dem Fahrer einen Vogel zeigte. Das hätte ich lassen sollen. Der Kerl zog eine Pistole, hielt sie aus dem Fenster und schoss. Dicht an meinem Wagen vorbei. Ich war erschrocken, duckte mich, gab Gas und sah zu, dass ich das Weite gewann. An der nächsten Polizeistation hielt ich an, um von dem Vorfall zu berichten, doch die Beamten winkten ab. „Leg dich mit diesen Burschen lieber nicht an. Die respektieren ja noch nicht einmal uns, ihre eigene Polizei. Vergiss die Sache."

Im Westen Mato Grossos im Grenzgebiet nach Bolivien hatte ich in der Stadt Pontes de Lacerda eine einwöchige Leprakampagne abgehalten und machte mich bereit zur Abreise. Die Rückfahrt führte durch eine gefährliche Region. Die Straße, die Cuiabá mit Caceres verbindet und dann entlang der brasilianisch-bolivianischen Grenze von Pontes de Lacerda über Comodoro bis hoch in den Bundesstaat Rondonia führt, gilt als riskant. Der Einfluss einer mächtigen Drogenmafia, kriminelle Autodiebe sowie skrupellose Hehler- und Schmugglerbanden machen die Grenzregion ziemlich unsicher. Aus diesem Grund hat die brasilianische Bundespolizei dort eine Sondereinheit an Grenzschützern stationiert, eine Spezialeinheit, abgestellt, um das organisierte Verbrechen zu bekämpfen.

Die Polizei rät dringend von Nachtfahrten auf dieser Strecke ab, weil dann die Drogenkuriere und Autoschieber unterwegs sind. In Brasilien werden für dubiose Auftraggeber hochwertige Autos gestohlen und dann nach Bolivien verschoben. Möchte ein betuchter bolivianischer Drogenbaron beispielsweise einen Toyota mit Allradantrieb, einen silbermetallicfarbenen Mercedes oder einen grünen Mitsubishi-Geländewagen, so spüren Banden in den brasilianischen Städten ein solches Auto auf, klauen es, wobei sie sich nicht scheuen, den Besitzer zu töten, und schleusen den Wagen über die Grenze. Als Gegenleistung erhalten die Kriminellen kein Bargeld, sondern Drogen; Marihuana und Kokain, das anschließend nach Brasilien geschmuggelt wird. Selbst tagsüber sollte man in dieser Gegend nur in Begleitung mit dem PKW unterwegs sein. Niemals allein. Die Strecke führt durch die einsame Prärie, kilometerlang kein Haus, keine Siedlung, nichts. Zudem sollte man grundsätzlich nur mit vollem Tank losfahren. Mit einer Autopanne liegen zu bleiben, kann fatale Folgen haben. Niemand hält hier an, um zu helfen, aus Angst vor Überfällen.

Es war ein Freitagmorgen, als ich mich auf die vierhundert Kilometer lange Fahrt nach Cuiabá machte. Am Ortsausgang von Pontes de Lacerda sah ich eine blonde Frau am Straßenrand stehen, eine wirklich hübsche Tramperin, die winkte und mitgenommen werden wollte. „Warum nicht. Halt an“, dachte ich, den Fuß halb auf der Bremse. Zugleich jedoch erinnerte ich mich an den eindringlichen Ratschlag meiner Freunde, bei Alleinfahrten auf dieser Strecke niemals jemanden mitzunehmen. Ich ließ die blonde Schönheit stehen und fuhr weiter. Einige Stunden später erreichte ich ohne Zwischenfall Cuiabá. Der Schock traf mich am nächsten Tag, als ich die Zeitung aufschlug. Darin las ich einen Bericht über einen jungen Angestellten der örtlichen Elektrizitätswerke, der kurz nach mir ebenfalls von Pontes de Lacerda nach Cuiabá fahren wollte und gesehen wurde, als er an der Ausfahrt der Stadt eine blonde Anhalterin mitnahm. Wenige Kilometer weiter, so mutmaßte die Zeitung, hatte die Frau den Mann gebeten anzuhalten, angeblich, um ihre Notdurft zu verrichten. Als der Fahrer sein Auto stoppte, sprangen zwei Männer aus einem Versteck hervor. Sie erschossen den hilfsbereiten Angestellten, warfen seine Leiche in den Straßengraben und flohen mit dem gestohlenen Wagen. Eine abgekartete Sache, die hübsche Blondine hatte als Lockvogel fungiert. Einige Tage später las ich, dass man sie gefasst hatte und auch die beiden Mörder verhaftet wurden. Man kann sich vorstellen, wie ich mich gefühlt habe. Seitdem bin ich sehr zurückhaltend, wenn ich allein reise. Fremde Anhalter mitzunehmen ist eine gewagte Angelegenheit, genauso gefährlich, wie mit viel Geld unterwegs zu sein.

Im Oktober 1981, nur kurze Zeit nach meiner Hochzeit mit Marisa, war ich in Campo Grande, der Hauptstadt des Bundesstaates Mato Grosso do Sul, um für die deutschen Franziskaner einen nagelneuen VW-Kombi nach Rondonopolis zu überführen. Der Wagen mit Kilometerstand Null war voll gepackt mit teuren medizinischen Geräten, die wir dringend für unsere Arbeit benötigten. Zudem hatte ich für die Patres Bargeld für die Missionsarbeit umgetauscht. Mit einem neuen Auto, wertvollen Apparaten und umgerechnet 10.000 Deutschen Mark musste ich die Rückfahrt antreten, wohl wissend, dass allein die hohe Summe eine immense Verlockung darstellte. In dieser Region wurden Menschen für weitaus geringere Beträge kurzerhand abgeknallt. Nach gut 250 Kilometern durch den Busch erreichte ich abends in der Dunkelheit den Kontrollposten einer Zollstation an der Grenze zum Bundesstaat Mato Grosso. Hier wurde vom Finanzamt kontrolliert, ob die eingeführten Waren mit Rechnung gekauft und ordnungsgemäß versteuert waren. Während mich die Beamten aus Süd-Mato Grosso zur Ausreise durchwinkten, forderten mich die Kontrolleure in Mato Grosso auf anzuhalten. Kein Problem, dachte ich, schließlich besaß ich alle erforderlichen Papiere. Zudem lag ein Brief der Franziskaner im Handschuhfach, der bestätigte, dass ich den neuen VW und die medizinischen Gerätschaften nach Rondonopolis transportieren sollte. Ich stieg also aus und ging in das Büro der Zollbeamten, um meine Rechnungen vorzuzeigen und abstempeln zu lassen. Alles lief glatt, doch als ich aus dem Büro herauskam, erschrak ich. Dann packte mich die kalte Wut, als ich bemerkte, dass in meinem Kombi ein Mann am Steuer saß.

„Was machen Sie in meinem Auto! Raus! Sofort raus aus dem Wagen!“, schrie ich den Kerl an.

Er baute sich schwankend vor mir auf und antwortete: „Ich bin Zöllner.“

Ich merkte sofort, der Typ war stockbesoffen und konnte sich kaum auf den Beinen halten. „Raus aus dem Auto! Hier habe ich das Sagen. Nicht du!“, rief ich noch einmal. Ein Fehler.

„Ich nehme dich auseinander“, rief er gereizt. „Du, du stehst unter Verdacht. Du bist ein Schmuggler.“ Er rief nach der Polizei, die wie aus dem Nichts auftauchte. Ehe ich mich versah, musste ich die Hände hochnehmen und einer der Polizisten drückte mir den Lauf seiner Maschinenpistole in den Rücken.

„Freunde, wartet“, sagte ich. „Ich bin kein Schmuggler. Im Handschuhfach liegt eine Erklärung. Darf ich sie holen?“

„Nein!“ Mit dem Hinweis, im Auto könnte eine Waffe versteckt sein, verbot man mir, die Papiere zu zeigen. Stattdessen trat der Betrunkene auf mich zu, zog sein Messer und hielt es mir gegen den Bauch. „Dich mache ich fertig, du Schwein“, höhnte er und ritze mir die Haut an, so dass etwas Blut floss. Die Polizisten grinsten.

„Holt ihr das Schreiben aus dem Auto“, stammelte ich, noch immer die Maschinenpistole im Rücken. Gottlob kam ein weiterer Polizist hinzu, der sich bereit erklärte, das

Schriftstück der Franziskaner aus dem Wagen zu holen. Er las es durch und meinte: „Alles in Ordnung. Lasst ihn in Ruhe. Senor Göbel, Sie können weiterfahren."

Als ich mit zitternden Knien zum Auto ging, zischte der Besoffene mir nach: „Du Schwein, du hast Glück gehabt. Ich hätte dich abgestochen."

Fix und fertig fuhr ich hinein in die Nacht. Man wusste, dass die Zollbeamten es in dieser Gegend mit dem Gesetz nicht so genau nahmen, oft Schmiergelder kassierten und mit Banditen unter einer Decke steckten. Dann, nach gerade einmal zwanzig Kilometern blieb der neue Volkswagen stehen. Der Motor gab keinen Mucks mehr von sich und sprang auch nicht wieder an. Feierabend. Mitten in der Prärie. Mich überkam eine irre Angst. Dieser Zöllner, dieser widerwärtige Bursche, musste den Wagen manipuliert haben, damit ich nicht weiterfahren konnte. Eine provozierte Panne. Gleich würde er mit seinen Kollegen auftauchen, und ich hatte brasilianische Währung im Wert von 5.000 Euro dabei. Unter dem Autowerkzeug fand ich einen großen Schraubenschlüssel, den schnappte ich mir, versteckte mich im Gebüsch und wartete ab, was passieren würde. Im hellen Mondlicht sah ich bisweilen einige Landarbeiter vorbeiziehen, doch ich hielt mich im Verborgenen. Als der Zöllner nach einer Stunde noch nicht aufgetaucht war, wagte ich mich aus der Deckung und versuchte die Lastwagen, die ab und zu vorbei rauschten, anzuhalten. Der fünfte LKW stoppte tatsächlich.

„Bist du wahnsinnig geworden", schnauzte mich der Fahrer an. „Auf dieser Strecke darfst du doch nicht stehen bleiben. Unsere Firma hat uns strikt verboten, hier zu halten. Weißt du nicht, dass es hier von Kriminellen nur so wimmelt. Vergiss dein kaputtes Auto, steig ein und sieh zu, dass du heil hier rauskommst."

Das konnte ich nicht machen! Ich durfte doch nicht das neue Auto der Franziskaner mitsamt den ganzen Instrumenten im Stich lassen. Unmöglich. Dann hielt ein zweiter Wagen an, mit netten Südbrasilianern, die mich ebenfalls mitnehmen wollten. Als ich ablehnte, versuchten sie vergeblich, den Defekt an dem Kombi zu finden und schlugen vor, den Wagen ein Stück abzuschleppen, um den Motor wieder ans Laufen zu bekommen. Als alle Mühen nichts halfen, gaben sie mir den wohlmeinenden Rat, mich gut im Busch zu verstecken, um die Nacht zu überleben. Sie versprachen, bei ihrer Ankunft in Rondonopolis die Franziskaner anzurufen und über mein Malheur zu informieren. So kauerte ich die ganze Nacht im Gebüsch, voller Angst, von einer giftigen Schlange gebissen zu werden, und bewachte das mir anvertraute Auto, bis im Morgengrauen ein Jeep mit zwei jungen Leuten anhielt. Ihre erste Frage war: „Bist du wahnsinnig?“ Die zweite lautete: „Hast du schon gegessen?“ Dann boten sie mir an: „Wir schleppen dich ab. Bis Rondonopolis.“

Unglaublich, diese Hilfsbereitschaft! Denn bis zu meinem Ziel waren es immerhin noch 110 Kilometer. Vormittags gegen halb elf erreichten wir die Stadt und hielten an der ersten Tankstelle an. Der Tankwart erzählte sofort, nachts habe ihm ein LKW-Fahrer eine Telefonnummer gegeben, aber er habe die Franziskaner erst am Morgen erreicht, weil zur Schlafenszeit niemand den Hörer abgenommen habe. Just in diesem Moment kamen meine Frau Marisa und ein Automechaniker vorbei, auf dem Weg in den Busch, um mich abzuholen. Ich atmete auf, denn die Nacht hatte wahrlich an meinen Nerven gezerrt. Nebenbei bemerkt, der brandneue Kombi hatte einen Motorschaden, und der betrunkene Zöllner wurde, nachdem ich einem Landtagsabgeordneten von der Geschichte erzählte, an einen anderen Ort strafversetzt.

Auch bei mir und Marisa stand ein Ortswechsel an. Als ich bei den Franziskanern in Rondonopolis mein Quartier bezog, wollte ich bewusst ganz bescheiden leben. Ich hatte einen Lagerraum des Pfarrhauses renoviert und mir einige Möbelstücke aus Brettern zusammengezimmert. Auf Luxusgüter wie etwa einen Fernseher verzichtete ich, schließlich sollte es mir nicht besser gehen als den Armen. Obwohl meine Frau Marisa aus gehobenen Gesellschaftskreisen stammte, teilte sie meine Einstellung, so dass wir nach unserer Hochzeit in ein Armenviertel zogen; eine gut gemeinte Entscheidung, die im Laufe der Zeit für uns zu einer spannenden, aber auch belastenden Erfahrung wurde. Ich gelangte allmählich an die Grenzen meiner Kraft. Die Leute kamen Tag und Nacht, klagten uns ihre Sorgen und Nöte und baten rund um die Uhr um Hilfe. Noch schwieriger wurde die Situation nach der Geburt unserer Kinder Roberto und Rose. Die mangelnde Hygiene, die beschwerlichen Lebensumstände und der Umgang mit abgehärteten Kindern, die alle möglichen Infektionen weitaus besser wegsteckten, machten sie ständig krank. Richtig schwierig wurde die Situation, als die Bewohner unsere Armutsideologie mit der Zeit nicht mehr ernst nahmen. Sie hatten keinerlei Verständnis für unsere freiwillige Bedürfnislosigkeit. Stattdessen sagten sie:

„Ihr stammt aus einer Gesellschaftsschicht, in die ihr jederzeit zurückkehren könnt. Ihr könnt dieses elende Leben, wann immer ihr wollt, hinter euch lassen. Wir nicht. Wenn ihr krank seid, seid ihr versichert und alle Krankenhäuser stehen euch offen. Uns nicht. Und Du Manfredo, wenn du nach Deutschland zurück möchtest, dann setzt du dich in ein Flugzeug und bist verschwunden. Das ist für uns unmöglich. Deshalb bist du nie wirklich einer von uns. Ihr gaukelt uns und euch selber was vor. Wir sind gezwungen, so zu leben. Ihr nicht."

Die Menschen hatten in gewisser Weise Recht. Der ständige Einsatz ohne jede Freizeit, ohne Raum zum Durchatmen und ohne einen Ort, um Kraft zu tanken, drohten Marisa und mich zu verschleißen. Wir brauchten ein Refugium und sahen letzten Endes nur die Lösung, mit den schulpflichtigen Kindern in ein bürgerliches Stadtviertel umzuziehen. Zu unserem Erstaunen reagierten die Armen darauf ganz anders als wir befürchtet hatten. Unsere Glaubwürdigkeit nahm zu, und unsere Arbeit wurde von ihnen mit Freude honoriert, weil wir ihnen nichts vormachten. Außer für Marisa und mich war es für alle eine Selbstverständlichkeit, dass ich meiner Kultur und meiner Position entsprechend lebte, ja, wir gewannen sogar an Achtung, weil wir unsere Herkunft nicht verleugneten und zugleich mit unserer Arbeit an der Seite der Bedürftigen standen. Auch in den Entwicklungshelferseminaren, an denen ich regelmäßig teilnahm, war die Frage „Sollen auch die Helfer wie die Armen in Hütten leben?" ein Dauerthema. Für viele von uns schien dies der Weg zu sein, echte Gemeinschaft zu bekunden. Doch ausgerechnet die Brasilianer wiesen uns immer wieder darauf hin:

„Ihr geht ehrlicher mit uns um, wenn ihr so lebt, wie es eurer europäischen Lebensweise entspricht, und wie wir es von euch erwarten. Und wenn ihr euch dann mit uns und unseren Problemen solidarisch erklärt. Sonst fällt es allen schwer, euch wirklich zu akzeptieren."

Doch es hat Jahre des Ringens gebraucht, um zu erkennen, dass nur derjenige jemanden aus dem Sumpf ziehen kann, der selber festen Boden unter den Füßen hat.

Zu schaffen machte mir damals auch ein bedrückender innerer Konflikt, der aus meiner ungebrochenen Radikalität erwuchs. Hin und wieder besuchte ich Bischof Dom Pedro Casaldaliga. Er war und ist nicht nur ein bekannter Befreiungstheologe, der die Sandinisten in Nicaragua im Kampf gegen den Somoza-Clan unterstützt hatte, er war und ist auch ein engagierter Literat, der unter anspruchslosesten Bedingungen in Amazonien lebt. Ich schätze ihn sehr und nahm früher gern Reisen von 1200 Kilometern auf mich, da er für mich in seiner Lebenshaltung ein Vorbild war. Seine Präferenz für die Armen, seine Unterstützung der Landlosen und sein Engagement für die Rechte der Landarbeiter ging soweit, dass er ständig Morddrohungen seitens der Großgrundbesitzer erhielt und einige Attentate auf ihn verübt wurden. Dom Casaldaligas Ansichten waren radikal. Für ihn konnte ein Reicher seinen Besitz niemals auf ehrliche Art gewonnen haben. Jeder Begüterte hatte zuvor die Armen bestohlen, war verantwortlich für die Not der Besitzlosen und gehörte für Dom Casaldaliga folglich exkommuniziert. Diese Auffassung setzte der Bischof auch in die Tat um. Großbauern und mächtigen Landeignern verweigerte er die Sakramente. Ihre Kinder wurden nicht mehr getauft, Ehen wurden nicht mehr geschlossen und auch von der Heiligen Kommunion wurden die Reichen ausgeschlossen. Heute ist Bischof Casaldaliga viel gemäßigter und milder in seinen Ansichten, doch in den achtziger Jahren beeindruckte mich seine rigorose Parteinahme für die Armen außerordentlich.

Einer meiner Leitsätze war immer: „Bei Gebeten ohne Taten ist der Glaube nichts wert.“ Nach diesem Motto habe ich jene kritisiert, die in meinen Augen ihre private Frömmigkeit über das soziale Engagement stellten. Ich selbst hatte mit dem

Beten enorme Schwierigkeiten. Wozu sollte das gut sein? Das Beten überließ ich anderen, Menschen, denen gegenüber ich keinerlei Toleranz aufbrachte. Sie als Frömmler zu verurteilen, fiel mir leicht, die Kunst der wohlwollenden Kritik hingegen, bei der der andere nicht zum Gegner, gar zum Feind wird, war mir lange Jahre fremd. Genau wie der gewogene Blick, der im Anderen auch dessen Wert und dessen Qualitäten erkennt. Mein Gegenüber spürt sehr genau, ob ich ihn mit seinen Fehlern ablehne oder annehme, genauso wie ich selber oft erfahren durfte, dass mich Menschen mit all meinen unguten Eigenarten akzeptiert, angenommen und gemocht haben.

Damals jedoch hatte ich für die wunderbaren Worte des Apostels Paulus über die Liebe kaum Verständnis, doch ich spürte, wie ich mich in meinem Zorn auf die Ungerechtigkeit der gesellschaftlichen Verhältnisse immer mehr in eine Sackgasse manövrierte. Trotz des Engagements für die Armen und die Wut auf die Mächtigen, die ich mit den Befreiungstheologen teilte, fühlte ich mich ausgebrannt. Die Taten allein vermochten meine Leere nicht zu füllen. Diese Leere kam aus mir selbst. Weder die aufreibende Lepraarbeit war für diese spirituelle Öde verantwortlich, noch die Macht der Reichen, die als Erklärung für alle Übel der Welt herhalten musste. Dass ich meine Urteile über die vermeintlich Reichen zu schnell bei der Hand hatte, dämmerte mir, als ich eines Tages im Urwald mit einer Fähre über den Rio Tocantins übersetzen musste.

Ich stand an Deck am Geländer, wo mich ein Bauer aufgrund meiner äußeren Erscheinung ansprach und fragte, ob ich Land besäße und ein Gaucho sei, ein typischer Südbrasilianer mit europäischem Aussehen. Ich verneinte, doch die sympathische Art dieses freundlichen Mannes gefiel mir, und es dauerte nicht lange, da kamen wir auf das Thema Glauben zu sprechen. Der Mann war Katholik und erzählte mir, dass Bischof Casaldaliga ihn von den Sakramenten der Kirche ausgeschlossen habe, weil er ein großes Landgut besitze. Er versicherte mir, er habe sein Leben lang mit seiner Familie hart für dieses Land gearbeitet, doch nun müsse er Hunderte von Kilometern in eine andere Diözese fahren, um seine Kinder taufen zu lassen. Ich sah, dass dieser schlichte Mann die Wahrheit sprach. Sein wettergegerbtes Gesicht und seine rauen, zupackenden Hände verrieten, dass er nicht in einem Luxussalon, sondern auf den Feldern zu Hause war. „Doch unser Bischof behandelt mich wie einen Sünder und Verbrecher", klagte er, „obwohl ich meinen Landbesitz mit ehrlicher Arbeit erworben habe."

„War es das, für das ich kämpfte? Einem solchen Menschen die Taufe seiner Kinder zu verwehren? Wo bleibt der Respekt vor der Leistung dieses Mannes? Wo bleibt das Verstehen, wo die Nächstenliebe?", fragte ich mich. Dieser wohlhabende und zugleich tiefgläubige Mann passte nicht in das Weltbild, passte nicht in die Schablone, die ich mit den hartnäckigen Ideologen teilte: die Armen sind gut, die Reichen schlecht. Nur am Rande erwähnt: Einige der härtesten und unnachgiebigsten Verfechter des Klassenkampfes sollten sich, nachdem sie in der Politik Karriere gemacht hatten, als die korruptesten und raffgierigsten Typen herausstellen, die mir je über den Weg gelaufen sind.

Hingegen zeigte mir dieser Landbesitzer auf einer Urwaldfähre, was geschieht, wenn wir als Christen andere ausschließen, weil wir an unseren vorgefassten Meinungen festhalten, weil wir nicht zuhören, uns dem Gespräch und der Begegnung verweigern. Viel fruchtbarer als das Urteil über den Anderen ist das Bemühen, ihn verstehen zu wollen. Den Anderen anzuerkennen, sein Gutes zu sehen und zu schätzen, ist allerdings nicht ganz einfach. Diese Haltung muss innere Widerstände überwinden, diese Haltung will eingeübt werden, jeden Tag erneut.

In Rondonopolis lernte ich eine jener Frauen kennen, die wir in unseren Kritikerkreisen immer verabscheut hatten. Sie hieß Ana Maria Aguiar, war Anfang dreißig und stammte aus einer extrem reichen Großgrundbesitzerfamilie. Sie unterstützte die Pfarrei Sagrado Coração, half den städtischen Straßenkindern und war höchst interessiert, alles über unsere Lepraarbeit zu erfahren. Während wir uns unterhielten, fing sie plötzlich an zu weinen und vergoss bittere Tränen.

„Manfredo, ich setze mich ein und versuche Gutes zu tun. Glaub mir, ich weiß um die ganze Ungerechtigkeit im Land. Ich bemühe mich mit meinen Kräften zu helfen, wo immer ich kann. Doch wenn ich mit meinem Mann den Gottesdienst besuche und höre, wie wir in den Predigten verteufelt werden, dann tut mir das sehr weh. Mein Mann ist so verärgert, dass er nicht mehr zur Kirche geht."

Ana Maria litt sehr unter dieser Situation und später erfuhr ich, dass sie ausgerechnet jene Priester, die so vehement gegen den Reichtum wetterten, finanziell unterstützte.

Mich rührte Ana Marias Leid. Ich schämte mich dafür, eben zu dieser Clique von Leuten zu gehören, die Familien wie die Aguiars verdammten. Und nun traf ich eine Frau, die wirklich ein feiner Mensch war und selbst ihren Gegnern Geldspenden zukommen ließ. Sie wurde verurteilt, weil sie mehr besaß als andere, wobei mich beeindruckte, dass sie gegenüber jenen Leuten, die über sie richteten, keinerlei Wut oder Hass empfand. Sie war nicht verärgert, nur traurig. Ihr Schmerz tat mir selber weh.

„Mein Gott! Was mache ich mit manchen Menschen? Wie gehe ich mit ihnen um?" Die Trauer der Frau war mir eine

Lehre. Als ich Ana Maria und ihre Familie und Verwandten näher kennen lernte, wusste ich ohne jeden Zweifel, dass es gute Leute waren, die sich in hohem Maße sozial engagierten. Zu einer Zeit, als die Arbeiter nichts anderes waren als Objekte der Ausbeutung, behandelte und entlohnte die Familie Aguiar ihre Angestellten überaus anständig und fair, sie schenkte ihren Arbeitern sogar ein Stück Land zur eigenen Bewirtschaftung. Das überraschte mich, da Landarbeiter gemeinhin nur wie Sklaven gehalten wurden.

In den Kreisen, in denen ich mich seinerzeit bewegte, war der Umgang mit Großgrundbesitzern nicht bloß verpönt. Wer mit einer Frau wie Ana Maria sprach, mit der ich übrigens noch heute befreundet bin, der wurde als Verräter abgestempelt. Anstatt die Reichen, die sich ein mitfühlendes und offenes Wesen bewahrt hatten, für uns und unsere Arbeit zu gewinnen, schlossen wir sie aus, nur weil wir glaubten, die moralisch besseren Menschen zu sein.

Zu denken gab mir damals auch ein Besuch bei dem Erzbischof von Cuiabá Dom Bonifacio. Er hatte einige Probleme mit einem Priester, der die geweihten Hostien während der Messfeier demonstrativ in einer dreckigen Butterbrotdose aufbewahrte. Die Aufforderung des Erzbischofs, er möge den Leib des Herrn künftig in einem würdigen Kelch aufheben, hatte der Geistliche kommentiert: „Solange die Armen nicht in anständigen Häusern wohnen, hat Gott auch nicht das Recht auf einen edlen Kelch.“ Für den Erzbischof ging es entschieden zu weit, die reale Anwesenheit Christi in dem geweihten Brot in den Schmutz zu ziehen. Ich teile diese Auffassung. Was hat Gott damit zu tun, wenn der Mensch in seiner Freiheit zu ungehemmtem Egoismus und grenzenloser Habgier die Ungerechtigkeit auf der Welt erst schafft? Nicht

Gott ist das Problem, sondern der Mensch. Er ist es, der all diese Unrechtsstrukturen hervorbringt und das elementare Gebot der Nächstenliebe ignoriert. Dass Christus dafür in einer schmutzigen Blechdose landet, ist für mich kein theologischer Akt der Befreiung, sondern ein Akt der Entwertung des Heiligen und der spirituellen Dimension des Glaubens.

Dass die glaubenslose politische Aktion nicht in die Befreiung der Armen, sondern in eine geistliche Sackgasse und in die innere Leere führt, haben viele Theologen nach einer Phase der Radikalisierung letzten Endes auch erkannt. Meine ganze Sympathie gilt heute jenen Priestern und Ordensleuten, die ihr Leben in den Dienst der Armen stellen und ihre Kraft aus dem spirituellen Reichtum des Glaubens schöpfen. Bevor ich allerdings selber in der Lage war, mich an diese Glaubensquellen anzuschließen, musste ich erst die Lektionen lernen, die mir die Ärmsten erteilten.

Arm und doch reich

Was mich bei meinen Leprakampagnen unter den Ärmsten zuerst verwunderte und dann zusehends irritierte, war die Zufriedenheit der Menschen. Es war mir unbegreiflich, woher all die Mittellosen selbst in den schäbigsten Behausungen ihre Fröhlichkeit, ihre Ausgeglichenheit und ihren Humor nahmen. Die Leichtigkeit und die Bereitschaft, ihr Schicksal zu tragen, und der Optimismus, mit dem sie ihren Alltag gestalteten, haben mir sehr imponiert. Offenbar besaßen sie eine innere Kraft, die stärker war als die Überzeugungskraft politischer Propagandareden. Aufklärung über die Strukturen des Unrechts, die Utopie vom Sozialismus, der Klassenkampf für eine gerechte Welt, dies alles waren keine Themen, die die Armen wirklich interessierten. Da waren sie kaum ansprechbar. Das spürte ich als Weltverbesserer sehr schnell. Wenn die Sprache auf Politik kam, hörten sie aus Höflichkeit eine Weile zu, doch dann schalteten sie ab. Fanatische Forderungen nach umfassenden gesellschaftlichen Veränderungen, die, falls notwendig, auch mit Gewalt durchzusetzen waren, gingen offenkundig an ihren Bedürfnissen vorbei.

Gern denke ich an ein altes Ehepaar zurück, bei dem ich Mitte der achtziger Jahre während meiner Reisen in den Busch in einer Hängematte nächtigte. Ihre Freundlichkeit und Herzensgüte waren ergreifend. Trotz einfachster Verhältnisse strahlten sie eine Zuversicht und Wärme aus, die ansteckend wirkte. „Wir sind arme Menschen“, sagte der Mann zu mir, „aber uns hat es im Leben nie an etwas gefehlt. Wir haben alles, was wir brauchen, weil wir gelernt haben, unser Knie vor dem Herrgott zu beugen.“

Die Knie beugen! Nein, das wollte ich nicht.

Und doch, die schlichte Weisheit dieses Mannes berührte mich. Sie bewegte mich zutiefst. Ausgerechnet jene Menschen, die allen Grund gehabt hätten zu klagen, waren mit ihrem Leben zufrieden. Dieses Ehepaar besaß etwas, was unendlich viel mehr wert war als alle materiellen Güter dieser Welt. Die beiden waren reich aus der Kraft ihres Glaubens. Sie besaßen das, was ich suchte und nicht fand.

In dieser Zeit wuchs in mir die Bewunderung für jene Priester, die ich in den ersten Jahren in Brasilien immer verachtet hatte. Bis ich erkannte, dass sie nicht trotz, sondern gerade wegen ihrer Glaubenstiefe ein feines Gespür für die sozialen Nöte der Leute hatten und Projekte ins Leben riefen, die den Bauern und Landarbeitern tatsächlich halfen. Hans Henning etwa, einer der drei deutschen Priester-Brüder aus Juscimeira, hat mit den Rinderzüchtern seiner Gemeinde die größte Molkereigenossenschaft in Mato Grosso aufgebaut und den Kleinbauern mit einer gemeinschaftlichen Kreditanstalt den Weg in eine wirtschaftlich rentable Zukunft erschlossen. Oder Pater Gino. Immer wieder hatte ich den Mann kritisiert, bis ich endlich sah, wie sehr er sich für die Armen aufopferte. Er tat dies gern, schweigend und duldsam, und obwohl ich ihn wegen seiner Frömmigkeit oft provozierte, kam ihm nie ein böses Wort über die Lippen. Stattdessen begegnete Gino mir mit Wohlwollen, Geduld und Respekt.

In dieser Zeit fuhr ich auch in die Kleinstadt Dom Aquino, um in der Kirche vor fünfhundert Schülern meine Lichtbilder zu zeigen und meinen Aufklärungsvortrag über die Lepra zu halten. Während ich meinen Diaprojektor aufbaute, fühlte ich erneut diese erschreckende Leere. Ich stand in einer Kirche, die für mich nichts anderes war als ein Vortragssaal, und spürte meine Zerrissenheit. Ich ging einen Weg, der nicht weiter führte. Ich fühlte mich ausgebrannt, kaputt. Ich tat meine Arbeit, mechanisch, wie ein Automat, ohne echte Freude. Was bringt das alles? Noch ein Vortrag und noch ein Vortrag, heute hier, morgen dort. Ich war ständig unterwegs und trat dennoch auf der Stelle.

Dann tauchten die ersten Jugendlichen in der Kirche auf. Einige Schüler knieten vor dem Altar nieder und beteten. Ich beobachtete sie still und ahnte die Kraft, die sie aufnahmen und die sie erfüllt wieder ausstrahlten. Ich muss zugeben, ich war neidisch auf diese jungen Menschen. Sie taten etwas, was ich nicht konnte. Sie knieten und beteten. Sie glaubten.

Schließlich fasste ich mir ein Herz und versuchte eine aus Kindheits- und Jugendtagen vertraute Geste. Ich kniete mich ebenfalls hin und starrte auf den Tabernakel. Nichts geschah. „Ich glaube gar nichts“, daran bestand kein Zweifel. Dennoch war in diesem Moment etwas anders geworden. Ich glaubte zwar nicht, doch ich verspürte den Wunsch zu glauben, so wie diese unbefangenen Jugendlichen, so wie dieses wunderbare alte Ehepaar, das nichts besaß und dem es an nichts mangelte.

Ohne Hoffnung

Es wäre jedoch verkehrt, aus der Lebensfreude der einfachen Menschen die Schlussfolgerung zu ziehen: Armut macht glücklich. Nein, es gibt in Brasilien Not und Elend, Leid und Krankheit, die mit aller Macht bekämpft und abgeschafft gehören, weil sie den Menschen entwürdigen.

Nachdem das Leprazentrum in Rondonopolis seinen Betrieb aufgenommen hatte, machten uns zahlreiche nächtliche Überfälle zu schaffen. Eine Zeitlang brachen Jugendbanden und Straßenkinder fast jede Woche bei uns ein, so dass ich mich gezwungen sah, bei der DAHW Geld für schützende Eisengitter zu beantragen. Das eigentliche Drama lag in dem Grund für die Einbrüche. Im Zentrum gab es eine Schuhmacherwerkstatt, in der orthopädische Schuhe für die behinderten Leprapatienten angefertigt wurden, und in dieser Werkstatt lagerten Dosen mit Schusterleim. Auf den hatten es die jungen Einbrecher abgesehen. Um aus ihrer zukunftslosen Wirklichkeit zu fliehen, betäubten sich die Kinder und Jugendlichen mit dem Klebstoff und schnüffelten sich um den Verstand. Erst als wir die Gitter vor die Fenster montiert hatten und das Landesministerium einen Nachtwächter bezahlte, hörten die Überfälle auf, was zwar unser Leprazentrum schützte, das miserable Leben dieser hoffnungslosen Kinder jedoch nicht verbesserte.

In Brasilien leben etwa acht Millionen Straßenkinder, ohne elterliche Fürsorge, auf sich allein gestellt. Eine ihrer Überlebensstrategien ist es, sich in Banden zu organisieren, wobei sie nicht selten mit Kriminalität, Drogen und Prostitution in Berührung kommen. Besonders in den großen Städten schlagen sie sich mit Diebereien und Überfällen durch, was in der Vergangenheit zu massiven Konflikten mit den Geschäftsleuten in den Innenstädten geführt hat. Immer wieder wurden von ihnen Killerkommandos angeheuert, die die Kinder ohne Skrupel ermordeten.

In Rondonopolis kam ich in Kontakt mit diesen verwahrlosten Kindern, da unter ihnen die Lepra weit verbreitet war, weshalb ich sie regelmäßig auf Anzeichen einer Erkrankung untersuchte. Einige von ihnen verdienten ein wenig Geld, indem sie auf geparkte Autos aufpassten. Sie hatten das Stadtgebiet in Reviere aufgeteilt und gingen die PKW-Besitzer um ein paar Münzen an, die man mehr oder weniger freiwillig herausrückte. Wer nicht zahlte, der musste sich womöglich über zerkratzten Lack oder zerstochene Reifen ärgern. Als ich meinen Jeep eines Tages im Zentrum abstellte, kamen gleich zwei Burschen angesprungen, um zu kassieren, doch ihr Anführer pfiff sie zurück: „Dieser Mann parkt umsonst. Er ist unser Freund.“ Ich habe mich über diese kleine Geste gefreut, bewies sie doch, dass wer Freundlichkeit sät, auch Freundlichkeit erntet.

In der Pfarrei Sagrado Coração hatten die Franziskaner eine Tagesstätte für Straßenkinder eingerichtet, wo die Halbwüchsigen nicht nur Essen und Fürsorge erhielten, sondern auch eine Unterstützung, um ihren Lebensunterhalt auf legale Weise zu verdienen. Die Jugendlichen wurden mit einer Holzkiste samt Bürsten, Putzlappen und Schuhcreme ausgestattet, damit sie in den Straßen etwas Geld verdienen konnten. Einer dieser Schuhputzer wurde anlässlich irgendeines Stadtjubiläums von einem Fernsehreporter interviewt, der alle möglichen Leute befragte, was dieser Jubeltag in Rondonopolis für sie bedeute. Als der Journalist dem jungen Schuhputzer das Mikrofon vor den Mund hielt, brach der kleine Kerl in Tränen aus.

„Was hast du denn? Warum weinst du?"

„Es ist schon Nachmittag", heulte der Junge, „und ich habe noch keinen einzigen Schuh geputzt. Wenn ich nach Hause komme und kein Geld mitbringe, kriege ich Prügel von meinem Vater."

Die Zerrüttung der Familien, vor allem durch verantwortungslose Väter, die Frau und Kinder von heute auf morgen im Stich lassen, führte letztlich dazu, dass ein Junge namens Aparecido nur vierzehn Jahre alt wurde. Er ging nicht zur Schule und lebte mit seiner alkoholkranken Mutter und seinen älteren Schwestern in einem sehr gewalttätigen Bairro am Rande von Rondonopolis. Aparecidos Schwestern sahen keinen anderen Weg aus ihrer verheerenden Armut, als sich zu prostituieren. Ich besuchte die unglückliche Familie des Öfteren, vor allem wegen des Jungen, der sich eine Leprainfektion zugezogen hatte. Ich mochte ihn gut leiden und besorgte ihm einen Platz in einer Schule. Als ich eines Tages wieder einmal Lebensmittel vorbeibrachte und die elende Bretterhütte betrat, lag auf einer Bettpritsche ein totes Baby. Eine der ledigen Schwestern hatte das Kind kurz zuvor zur Welt gebracht, und es war gleich nach der Geburt gestorben. Die jungen Frauen standen ratlos da und wussten nicht, was sie mit dem Baby machen sollten, da ihnen das Geld für eine Beerdigung fehlte. Das einzige, was wir in diesem Moment tun konnten, war die Kosten der Bestattung zu übernehmen.

Irgendwann suchte Aparecido mich auf und äußerte einen erschreckenden Wunsch. Die Leprabakterien hatten die Nerven seiner rechten Hand befallen und zur völligen Gefühllosigkeit des Daumens geführt. Nun sollte ich ein Messer nehmen und ihm den Daumen abschneiden. „Bist du verrückt geworden“, entfuhr es mir. Doch Aparecido blieb hartnäckig, er drängte partout darauf, dass ich ihn verstümmelte.

„Der Daumen“, so meinte er resigniert, „taugt nicht mehr.“ Dann sagte dieser 14-jährige Junge: „Es hat alles sowieso keinen Zweck. Ich hoffe, ich sterbe bald.“

Kurze Zeit später hörte ich, dass Aparecido bei einer Schießerei in seinem Viertel ums Leben gekommen war.

Vergebung statt Rache

Während bei den ungezählten Mordopfern in den Bairros oft blinde Wut, Drogenrausch und billiger Alkohol im Spiel sind, werden viele Morde auch aus purer Habgier und kalter Berechnung verübt. Wer sich in der Ausübung seiner kriminellen Geschäfte gestört fühlt, der findet ohne Schwierigkeit einen Auftragskiller, der bereit ist, das Problem aus der Welt zu schaffen. Die gedungenen Mörder berechnen ihre Tarife nach der Prominenz ihres Opfers. Dass ich selber auf die Abschussliste eines Killers geraten war, als ich mich vehement gegen die Kündigung zweier Mitarbeiter unseres Leprazentrums gewehrt hatte, hatte ich fast vergessen. Bis ich einige Jahre später eines Morgens zur Arbeit ging. Ich wollte gerade die paar Treppenstufen zum Leprazentrum hochsteigen, als ich einen Mann neben dem Eingang an der Mauer lehnen sah. Ich erkannte ihn sofort an seiner lässigen und unbeteiligten, heute würde man sagen, coolen Haltung. Es war jener

Berufsmörder, der mir einst gedroht hatte, er werde mich umlegen, wie er ein Huhn schlachte, und mich anschließend in einem unterirdischen Wasserfall entsorgen.

Ich ging auf den Mann zu. Ohne Groll, ohne Hass und ohne das Bedürfnis nach Rache, das ich lange Zeit gehegt hatte. Ich blieb vor ihm stehen und bemerkte sofort, dass er mich erkannte. Er schaute vollkommen überrascht, als ich ihn freundlich mit „Na wie geht's? Alles in Ordnung?" begrüßte und ihm zum Zeichen der Vergebung die Hand reichte. Doch just in dem Moment als ich den Arm ausstreckte, knickte ich auf einer Stufe mit dem linken Fuß um, ein heftiger Schmerz durchzuckte mich, und ich stürzte zu Boden. Ich hatte solche Schmerzen, dass ich nicht aufstehen konnte. Der Killer beugte sich zu mir herab, forderte mich auf, meinen Arm um seine Schultern zu legen und hob mich vorsichtig hoch. Dann schleppte er mich in das Leprazentrum und legte mich auf ein Untersuchungsbett. Sofort eilten die Mitarbeiter herbei und transportierten mich in ein Krankenhaus, wo der verdrehte Fuß gleich eingegipst wurde. Die nächsten drei Wochen durfte ich zu Hause verbringen und erhielt sogar Besuch von jenem Mann, der mich einst zu töten drohte. Ausgerechnet dieser eiskalte Mörder erkundigte sich nach dem Fortschritt meiner Genesung und bot mir seine Hilfe an.

Was in dem Mann vorging, weiß ich nicht. Ich weiß nur, dass er irgendwann begann, einer soliden Beschäftigung nachzugehen. Er fand eine Anstellung im Gesundheitsdienst und arbeitete die letzten zwanzig Jahre als Chauffeur. Als ich ihm im Herbst 2006 durch Zufall in Rondonopolis begegnete, erzählte er mir, dass er bald in Rente gehe. Für die Zeit danach bot er mir an, als mein persönlicher Leibwächter zu arbeiten. Das war mir dann doch zuviel des Guten, und ich lehnte dankend ab.

Ich will nicht verhehlen, dass ich gegenüber diesem Mann, der mir bei unserer ersten Begegnung als gefühlskalter und skrupelloser Killertyp Angst eingeflößt hatte, lange Zeit mächtige Rachegelüste empfand. Dass ich ihm nicht den Teufel an den Hals wünschte, sondern ihm die Hand reichen konnte, hatte einen einfachen Grund. Mitte der achtziger Jahre war etwas geschehen, was es mir leicht machte, die alte Geschichte ruhen zu lassen und ihm zu vergeben. Ich konnte von allen Rachegedanken lassen, weil ich zuvor einen Weg gefunden hatte, mich wieder an die Quellen des Glaubens anzuschließen. Ich bin sicher, ohne diesen Glauben wären meine Wut und mein Hass mächtiger gewesen als der Wille zur Versöhnung.

Quellen der Kraft

Zuschauer in Medjugorje

Im Sommer 1985, in der Zeit meiner Glaubenslosigkeit und nagender seelischer Konflikte, reiste ich für einige Wochen nach Deutschland. Ich wollte den Aufenthalt nutzen, um einen guten Freund zu besuchen, Karl Unger, einen Priester, der in meiner Schulzeit das Seminar der Herz-Jesu-Missionare in Rebdorf geleitet hatte und nun in Österreich einem Heim für schwer erziehbare Kinder vorstand. Da ich es nach brasilianischer Manier mit der Pünktlichkeit nicht so genau nahm, machte ich unterwegs einen Zwischenstopp im Kloster Kremsmünster, um einer stillen Schwäche nachzugehen: In der legendären Klosterbrauerei wollte ich ein gutes Bier trinken. Zuvor besichtigte ich die berühmte Stiftskirche, an deren Ausgang mir ein kleines Büchlein ins Auge fiel. Gemeinhin schenkte ich diesen Schriften keine Beachtung, und ich weiß bis heute nicht, weshalb ich nach diesem Buch mit dem Titel „Fatima" griff und es kaufte. Danach trank ich ein Klosterbräu und fuhr mit reichlich Verspätung zu meinem Freund.

In einer ruhigen Stunde las ich die Geschichte der drei Kinder von Fatima, und ich muss sagen, sie gefiel mir. Nicht weil ich an Marienerscheinungen interessiert war. Vielmehr war ich auf der Suche nach geistlichen Zeugnissen und Bekenntnissen von Menschen, die auf ihre Art zum Glauben gefunden hatten. Ich wollte wissen, was und wie andere glaubten, um so vielleicht einen Anstoß, einen Wegweiser für mich selber zu entdecken.

Zurück in Brasilien musste ich zu einer Dienstbesprechung nach Rosario Oeste, wo wir mit den Frauen des Ordens Divina Vontade ein Lepraprogramm unterhielten. Die Nonnen kannten mich als jemanden, der an ihrer Frömmigkeit, an ihrer Treue zu Papst und Kirche nie ein gutes Haar gelassen hatte. Sie hatten in meiner Gegenwart sogar Angst, theologische Themen überhaupt anzusprechen, da sie fürchteten, ich könnte ihnen womöglich aus Wut auf die Kirche die nötigen Gelder für ihr Lepraprojekt streichen. Als wir das Dienstliche besprochen hatten, fragte ich die Nonnen, was sie von dieser merkwürdigen Geschichte von Fatima hielten. Die Frauen fielen fast von den Stühlen. „Du? Ausgerechnet Manfredo! Du fragst uns so etwas! Unglaublich! Was ist mit dir los?"

„Vergesst es, vergesst es", erwiderte ich, als eine der Ordensfrauen mir ein Heftchen über den mir unbekannten Wallfahrtsort Medjugorje mit den Worten in die Hand drückte: „Ich weiß, dass dich das alles nicht interessiert, aber vielleicht schaust du einmal hinein."

Sie hatte Recht. Früher hätte ich das Heft gleich in eine Ecke gepfeffert, doch jetzt war ich auf der Suche und folglich auch offen für Erfahrungen gänzlich außerhalb meines Horizonts. Ich las das Heft und beschloss, während meiner nächsten Europareise dieses Dorf Medjugorje in Jugoslawien, im heutigen Bosnien-Herzegowina, aufzusuchen. Dort erschien seit dem 24. Juni 1981, wie sechs jugendliche „Seher" behaupteten, die Gottesmutter Maria. Und wenn es stimmte, was sie erzählten, so rief Maria die Menschen zum Gebet, zur Umkehr und zur Versöhnung auf.

Ich spekulierte nicht auf ein mystisches Bekehrungs- oder spirituelles Erweckungserlebnis und ein solches sollte mir bei meinem Besuch in Medjugorje im Juli 1986 auch nicht widerfahren. Drehende Kreuze oder irgendwelche Sonnenwunder, die manche Leute gesehen und erlebt haben wollten, waren mir egal. Ich war nur neugierig, getrieben von einem geistlichen Hunger. Ich wollte wissen: Was passiert da mit den Menschen? Wie beten die Pilger in Medjugorje? Führt ihre Art des Glaubens zu jenem inneren Seelenfrieden, den ich vermisse? Das wollte ich herausfinden.

Ich war ein Beobachter, jemand, der sich in eine Kirchenbank hockte und sich die Menschen sehr genau anschaute. Vor allem fielen mir die vielen jungen Leute in Medjugorje auf. Es war in der Tat so, dass sie nicht nur intensiv niederknieten und beteten, sondern auch in der Gemeinschaft mit anderen Jugendlichen eine große Lebendigkeit und Fröhlichkeit ausstrahlten. Ich sah wieder diesen Reichtum jenseits alles Materiellen.

Weil mich die vertraute deutsche Sprache anzog, hängte ich mich an eine österreichische Pilgergruppe, die singend und betend den Kreuzberg hochstieg. Mit einigem Abstand trottete ich hinter den Wallfahrern her, als ein Zuhörer und Zuschauer, dem das „Gegrüßest seist Du Maria" nicht über die Lippen kam. Auf dem Weg zurück sprach mich eine Frau aus dieser Gruppe an. „Und Sie, was hat Sie hierher geführt?"

„Keine Ahnung", sagte ich. „Ich mache Urlaub."

„Oh nein", erwiderte sie besserwisserisch, „die Gottesmutter hat Sie hierher geführt, damit Sie Ihren Glauben finden."

Diese Österreicherin redete sehr viel und machte auf mich einen leicht fanatischen Eindruck. Dennoch hörte ich ihr zu, und es stellte sich heraus, dass sie sich früher in einer ähnlichen Situation befunden hatte wie ich. Als scharfe Kritikerin der Kirche hatte auch sie an nichts geglaubt. Ich erinnere mich, dass sie nach schwerer Krankheit gesundet war und ihre zerrüttete Familie wieder zusammenkam, nachdem sie in Medjugorje ihren inneren Frieden gefunden hatte. So erzählte sie jedenfalls recht glaubwürdig. Obwohl mir die Frau irgendwann mit ihrem Missionseifer ein wenig auf die Nerven ging, sagte sie etwas, das mir zu denken gab.

„Der Weg fängt damit an, dass du dich hinkniest und betest.“ Das hatte ich schon einmal gehört, von dem besagten Alten in einer schäbigen brasilianischen Hütte, dessen freundliches Wesen mich so tief beeindruckt hatte.

Ich fuhr dann zurück nach Deutschland, wo ich in verschiedenen Gemeinden und vor Freundeskreisen Vorträge über die Lepraarbeit in Brasilien hielt. Alles war fast wie immer. Kompromisslos wie eh und je prangerte ich die sozialen Missstände in Lateinamerika an, wetterte gegen das Unrecht, die Korruption und den Reichtum, mit einem Unterschied. Anders als bei früheren Vortragsreisen verspürte ich eine große Unlust, einen starken Unwillen gar, meine Energie nur aus der Kritik zu ziehen. So wollte ich nicht mehr denken, so wollte ich nicht mehr zu anderen Menschen sprechen.

Kraftquelle Gebet

Ohne dass etwas Weltbewegendes in Medjugorje geschehen war und ohne jedes spirituelle Aha-Erlebnis fasste ich nach meiner Rückkehr nach Rondonopolis den Entschluss, etwas für mein Glaubensbedürfnis zu tun. Ich entschloss mich, es mit dem Beten einfach einmal zu versuchen. Da ich jedoch für mich allein kaum die Möglichkeit sah, einen Schritt voranzukommen, suchte ich die Gemeinschaft mit anderen Christen. Zuerst besuchte ich einen Gebetskreis der charismatischen Bewegung. Genau drei Mal war ich dort, dann hatte ich genug. Dieses ständige Klatschen, das dauernde Halleluja und das exaltierte Getue, wenn wieder irgendwer geheilt und von seinen Sünden befreit war, das war wirklich nichts für mich. Was blieb mir übrig? Wollte ich in einer Gemeinschaft beten, so musste ich einen eigenen Gebetskreis gründen.

Ich suchte meinen Schimpferfreund Frei Octaviano auf, der sich so an meine schroffe und kirchenfeindliche Art gewöhnt hatte, dass ihn ein Schock traf, als ich ihm von meiner Absicht erzählte und ihn um Hilfe bat. Für ihn war ich in geistlicher Hinsicht ein hoffnungsloser Fall. Nachdem sich Octaviano von seiner Fassungslosigkeit erholt hatte, versprach er, mir zu helfen.

Ehe ich mich versah, war für den kommenden Freitag in der Gemeinde Sagrado Coração eine Gebetsstunde anberaumt. Mir rutschte das Herz in die Hose. Was hatte ich da angezettelt! Ich hatte doch keinen Schimmer, was man in so einer Stunde macht und hätte die ganze Aktion am liebsten wieder abgeblasen.

„Du musst mitkommen“, meinte ich zu Octaviano, „sonst sehe ich schwarz.“

Der Franziskaner sagte mir seine Unterstützung zu, während ich inständig hoffte, am Freitagnachmittag bliebe die Kirche leer.

Es kamen achtzig Leute. Gottlob hatte ich zuvor ein Heft aufgetrieben, in dem alle Gebete standen, Vaterunser, Ave Maria und der Rosenkranz. Ich begrüßte die Anwesenden, erklärte ihnen, dass ich noch nicht richtig beten könne und deshalb Octaviano zur Verstärkung mitgebracht habe, dann las ich laut die Gebete vor. Frei Octaviano saß nur da, und ich sah, wie er vor Freude weinte.

Bei meinen Vortragsreisen, die mich einmal im Jahr durch Deutschland, aber auch nach Österreich und Tschechien führen, erfahre ich immer wieder, wie schwer es ist, sich an die Kraftquellen des Glaubens anzuschließen. Westeuropa hat sich immer mehr zu einer pragmatischen und konsumorientierten Gesellschaft entwickelt, in der der Materialismus die alten Glaubensquellen zum Versiegen bringt. Das gute Leben, das Vergnügen und der Spaß haben einen hohen Stellenwert, und mir scheint, der moderne Konsumismus hat ein massives Interesse, dass sich die Menschen erst gar nicht mehr auf die Suche nach diesen Quellen machen. Der Konsumismus degradiert und entleert den Menschen. Wer ein spirituell erfülltes Leben führt, ist natürlich ein schlechter Konsument, da er nicht kauft, was die Warenwelt ihm anbietet, sondern sich auf das beschränkt, was er wirklich braucht.

Zugleich aber gilt auch das Gegenteil. Die Anteilnahme an meiner Arbeit durch Freunde und Bekannte, ihre Solidarität und Hilfe erfüllen mich mit Freude und Dankbarkeit, weshalb ich gern meinen Jahresurlaub für Vorträge in der alten Heimat nutze. Gerade in Schulen erlebe ich den Hunger der Jungen und Mädchen, etwas zu erfahren, was ihnen eine Orientierung jenseits des Materialismus gibt. Die jungen Menschen suchen im Innersten sehr wohl, nur ist das Finden für sie recht schwierig. Das spricht aus den ungezählten Reaktionen der Jugendlichen. Außerhalb der Kirchen spricht heute kaum noch jemand über die Freiheit des Glaubens und die Kraft eines Gebets. Wer sich heute hinstellt und ein Bekenntnis zu seinem Glauben ablegt, der macht sich ja zum Deppen.

„Unsere Lehrer haben nicht den Mut, über diese Fragen zu sprechen“, schrieb ein deutscher Realschüler für so viele seiner Altersgenossen, „die Lehrer wollen sich vor ihrer Klasse nicht lächerlich machen.“

Allerdings habe ich auch selber lange gebraucht, bis ich den unschätzbaren Wert des Gebets für mich entdecken konnte. Heute steht mir diese Kraftquelle zur Verfügung, jeden Tag, wann immer ich will. Beten und Arbeiten, was ich lange nicht zusammenbrachte, gehört heute für mich untrennbar zusammen. Die Lepraarbeit, der soziale Dienst und die Liebe zum Nächsten auf der einen Seite und der Bezug zu Gott auf der anderen sind eine untrennbare Einheit.

Doch vielleicht muss man wirklich erst diese schmerzliche innere Leere verspüren, um die Wahrheit des Heiligen Paulus aus seinem ersten Brief an die Korinther zu verstehen. „Und wenn ich alle meine Habe zur Speisung der Armen austeile, wenn ich meinen Leib hingebe, damit ich verbrannt werde, habe aber die Liebe nicht, so nützt es mir nichts. Die Liebe ist langmütig, sie ist gütig; die Liebe eifert nicht, die Liebe prahlt nicht, sie bläht sich nicht auf ...“

Nachdem ich im Gebet meine persönliche Kraftquelle gefunden und im Gottvertrauen auch die Freude an der Arbeit wieder neu entdeckt hatte, änderte sich auch meine überkritische Haltung gegenüber der Kirche. Heute sehe ich die Kirche nicht als eine Institution außerhalb meiner selbst an. Heute bekenne ich mich zu dieser Kirche, denn wie sie ist, hängt von mir selber ab. Von dem, was ich tue und von dem, was ich unterlasse. Ich gehöre zur Kirche. Ich bin Kirche. Und da ich eine tiefe Zugehörigkeit zu meinen Glaubensbrüdern und Glaubensschwestern empfinde, ist es für mich auch selbstverständlich, regelmäßig die Eucharistiefeier zu besuchen und in der Beichte das Sakrament der Sündenvergebung zu empfangen. „Und erlöse uns von dem Bösen“, diese Bitte aus dem Vaterunser ist für mich sehr wichtig. „Und vergib uns unsre Schuld wie auch wir vergeben unseren Schuldigern.“ Ich glaube, ohne Vergebung zu erfahren und ohne Vergebung zu gewähren, könnte ich meine Arbeit nicht tun. Aber ohne klare Worte und klare Positionen auch nicht.

Der Seelsorger Nazareno

Wenn ich je einen Menschen kennengelernt habe, der die Worte des Apostels Paulus und des Vaterunsers bis zur letzten Konsequenz gelebt hat, dann war dies mein Freund, der wunderbare Priester Nazareno Lanciotti. Er war mit Gaben und Fähigkeiten wirklich reich gesegnet. Mit seiner Beobachtungs- und Auffassungsgabe hätte er überall Karriere machen können; als Künstler, er konnte erstaunlich gut malen; als Architekt – die Baupläne seiner Kirche zeichnete er selbst – als Bischof, als Theologieprofessor, als was weiß ich. Aber Nazareno zog es vor, als Seelsorger in dem Buschnest Jauru unweit der Grenze zu Bolivien zu leben. Er war ein sympathischer und warmherziger Mensch, der die Gesellschaft mit anderen liebte, ein Mann, mit dem ich alle meine Sorgen bereden konnte, jemand, der offen und vorurteilsfrei auf jeden zuging, ohne jemanden um jeden Preis von seinen Ansichten überzeugen zu wollen. Aber wenn es darum ging, wahr und falsch, gut und böse zu unterscheiden, dann konnte dieser freundliche und sanftmütige, durch und durch katholische Priester knallhart und unerbittlich sein. Und so, wie er für die Anderen lebte, so starb Nazareno auch, an jenem schrecklichen Sonntag, am 11. Februar 2001, dem Tag, als die Killer kamen.

Nazareno war gebürtiger Italiener und stammte aus Rom. Als Weltpriester war er kein Mann, der in einem Ordenskloster seine Bestimmung gefunden hätte, er musste hinaus in die Welt. 1972 landete er in Brasilien, in Jauru, zu deutsch „Großer Fisch“, einem Urwaldstädtchen in Mato Grosso nicht weit von der bolivianischen Grenze. Zu Beginn seiner Aktivitäten kam es in Jauru immer wieder zu heftigen Landstreitigkeiten zwischen Kleinbauern und Großgrundbesitzern, die häufig von den Landeignern mit brutaler Gewalt gelöst wurden. Täglich wurden Schießereien mit Toten vermeldet, doch Nazareno gelang es, das verrufene Kaff zu einem friedlichen Städtchen zu machen, wo man gern lebte und die einfachen Leute ihren Priester über alles schätzten, was allerdings massive Konflikte mit den Mächtigen in der Region zur Konsequenz hatte.

Bei seiner Ankunft reagierte Pater Nazareno zunächst auf die desaströse medizinische Versorgungslage der Menschen im Busch. Wir lernten uns über die Lepraarbeit kennen, denn mit der finanziellen Hilfe der italienischen Organisation „Operation Mato Grosso“ hatte Nazareno das einzige Hospital der Stadt errichtet. Zudem hatte er für 1200 Kinder eine Schule und für die alleingelassenen Alten ein Wohnheim gebaut, wobei er sich in seiner zupackenden Art nicht scheute, bei seinen Bauprojekten selber zur Schubkarre zu greifen. Als Nazareno schließlich auch noch einen Arzt fand, der bereit war, in der abgelegenen Gegend zu arbeiten, entwickelte er zu dem Mediziner sogar eine persönliche Freundschaft, bis es zum Zerwürfnis kam.

Nazareno wollte ein Hospital, in dem die Armen kostenlos behandelt wurden, doch dieser Arzt nutzte das Krankenhaus immer mehr als Quelle der persönlichen Bereicherung. Um die Versorgung der Kranken nicht zu gefährden, hatte Nazareno manche Kröte geschluckt und manche persönliche Demütigung in Kauf genommen, doch seine Toleranzgrenze war endgültig überschritten, als der Chefarzt Geld mit Abtreibungen und Sterilisationen verdienen wollte. Junge Mädchen gegen Bezahlung unfruchtbar zu machen, die dann später weinend ihren Entschluss bereuen würden, nein, das konnte Nazareno unmöglich akzeptieren. Mit so einer konsequenten Haltung schafft man sich natürlich Feinde.

Da die Menschen jedoch Nazarenos unermüdlichen Einsatz honorierten und sein temperamentvolles und hilfsbereites Wesen schätzten, gewann er in Jauru enorm an Einfluss. Neunzig Prozent der Einwohner gingen in seine Gottesdienste, und sein Wort galt, weshalb die Politiker ständig um seine Gunst buhlten. Sie wussten, ein wohlwollendes Wort des Priesters hätte ihnen bei der Bevölkerung gleich tausend Wählerstimmen gebracht, doch Nazareno war ein Seelsorger, der sich aus politischen Angelegenheiten heraushielt. Bis zum Jahr 1999, als in Jauru ein Wasserkraftwerk gebaut wurde und es mit dem Frieden in der Stadt vorbei war.

Für den Bau des Kraftwerks strömten nicht nur zweitausend Arbeiter nach Jauru, sondern auch Heerscharen von Prostituierten, Zuhältern und Drogenverkäufern. An jeder Ecke entstanden billige Bars und Bordelle, was Nazareno von der Kanzel herab scharf kritisierte. Immer wieder forderte er die jungen Menschen auf, die Finger von den teuflischen Drogen zu lassen und warnte die Männer vor sexuellen Abenteuern mit den käuflichen Frauen. Nicht nur wegen der Ansteckungsgefahr mit Aids, sondern weil er die Treue unter Ehepartnern für unverzichtbar hielt. Nazareno Lanciotti war das Gewissen der Menschen, genauer gesagt, das katholische Gewissen. Dafür stand er gerade, ohne jede Kompromissbereitschaft. Und damit war er den Drogendealern, den Zuhältern und den korrupten Politikern, die sich an dem Boom bereicherten, und denen er ins Handwerk pfuschte, ein Dorn im Auge.

Ich weiß, dass mein Freund in dieser Zeit viele Drohungen

erhielt. Doch wenn es um die Sorge um sich selber ging, ließ sich Nazareno kaum etwas anmerken. Obwohl ich mit keinem anderen Menschen so offen reden konnte wie mit ihm, sprach er mir gegenüber nie über die Versuche, ihm Angst einzujagen.

Nazareno war ein Bewahrer, ein konservativer Mensch im guten Sinn. Ich bin sicher, dass er diesen mächtigen Druck nur aushielt, weil er glaubensstark und auf wunderbare Weise fromm war. Er war Leiter der Marianischen Priesterbewegung und als solcher hatte sich Nazareno mit Menschen in der ganzen Welt vernetzt. Unter ihm hatte sich Jauru sogar zu einem Zentrum der Bewegung entwickelt, wo andauernd Exerzitien und Seminare stattfanden, so dass er sich nie alleingelassen fühlte. Nazareno kämpfte gegen den drohenden Untergang seiner blühenden Gemeinde, doch es gab Leute, die vor nichts zurückschreckten, um zu verhindern, dass er diesen Kampf gewann.

Tod eines Freundes

Drei Tage vor seiner Ermordung sah ich meinen Freund zum letzten Mal. Ich lebte mit meiner Familie zu dieser Zeit längst in der Landeshauptstadt Cuiabá, wo Nazareno mich besuchte und mir erzählte, er suche für sein Krankenhaus einen neuen Arzt. Bevor wir auseinandergingen, lud er mich für den darauffolgenden Sonntag, den 11. Februar, nach Jauru zum Abendessen ein. Erfreut, unter den Gästen viele unserer gemeinsamen Freunde zu treffen, darunter auch den italienischen Pizzabäcker Giancarlo und seine brasilianische Frau Isaura, sagte ich mein Kommen zu. Dass mein Stuhl bei diesem letzten Abendessen leer blieb, lag daran, dass ich im letzten Moment verhindert war. Doch in ungezählten Gesprächen haben mir Giancarlo, Isaura und die anderen Gäste immer wieder detailliert erzählt, was an diesem unheilvollen Sonntag in Jauru geschah.

Es war ein verregneter Tag, und Pater Nazareno hatte mit Jugendlichen einige Exerzitien abgehalten. Alle meine Freunde erinnerten sich an die merkwürdigen Sätze, die der sechzigjährige Nazareno aussprach, als er in den Regen hinausblickte:

„Da seht ihr die Tränen, die ich weinen werde. Meine Arbeit ist vollbracht. Wenn mich in Zukunft jemand sucht, dann sagt, ich bin in der Kirche und bete."

Diese Worte haben sich heute in gewisser Weise bewahrheitet, denn in der Kirche von Jauru findet man rechts vom Altar Nazarenos Grab mit einer Marmorplatte und seinem Bild. Hier stehen immer frische Blumen und ständig brennen Kerzen.

An dem besagten Sonntag saßen neun Personen am Abendbrottisch. Giancarlo und seine Frau, zwei Ärzte und ein medizinischer Mitarbeiter sowie eine italienische Krankenschwester und zwei junge Mädchen aus einer Jugendgruppe. Nazareno setzte sich als letzter zu Tisch. Man aß Reis mit Bohnen und Rindfleisch, und Nazareno war gerade dabei, einen Apfel zum Nachttisch zu schälen, als zwei vermummte Männer in den Saal stürmten. Sie hatten schwarze Mützen mit Sehschlitzen über den Kopf gezogen und drohten mit ihren Revolvern.

„Ihr könnt noch zu Ende essen", sagte einer von ihnen, während sein Kumpan zwischen den Türpfosten stehenblieb.

„Wenn ihr jemanden töten wollt", sagte Nazareno, „dann mich. Lasst alle anderen in Ruhe."

„Ihr braucht nicht um euer Leben zu fürchten, wir wollen nur Geld", meinte der Bewaffnete an der Essenstafel. Er forderte die Anwesenden auf, Ruhe zu bewahren, und verbot ihnen, zu ihm aufzuschauen.

„Wir wissen, dass du in deinem Zimmer einen Tresor hast", wandten sich die Maskierten nun an Nazareno, wohl um ihn von der Gruppe zu separieren. Auf den Hinweis des Priesters, der Tresor sei verrostet und leer, aber es gäbe Geld in einem anderen Schrank, boten auch die Gäste an, alles Geld und ihre Autoschlüssel abzugeben. Wider Erwarten lehnten die Eindringlinge die angebotenen Wertsachen ab. Stattdessen traten sie auf die beiden 20-jährigen Mädchen zu, Simone und Alair, und drückten ihnen von hinten einen Revolver in den Nacken. Zum russischen Roulette.

„Jetzt werden wir mal prüfen, wie stark euer Glaube ist", höhnte einer der Täter. „Wer einen guten Glauben hat, soll anfangen zu beten."

Es herrschte Totenstille und alle starrten vor sich hin. Zwei Mal drückte der Bewaffnete den Abzug. Ein Mal bei Simone, ein Mal bei Alair. Zwei Mal klickte es. Dann ging der Kerl um den Tisch herum zu Nazareno. Er beugte sich zu dem Priester herab und flüsterte ihm etwas ins Ohr, was niemand verstand. Nazareno erbleichte, faltete die Hände und neigte sein Haupt. Just als er den Kopf senkte, knallte der Schuss. Anstatt Nazarenos Schläfe durchschlug die Kugel die Halswirbelsäule. Dann stürmten die beiden Täter davon.

Trotz des Schocks wussten die Gäste sofort, was zu tun war. Der Priester lebte noch. Man riss die Tischdecke herunter, wickelte den Schwerverletzten hinein und trug ihn in das Krankenhaus. Doch es war klar, in Jauru würde Nazareno sterben, er musste in die Klinik in das Hunderte von Kilometern entfernte Cuiabá. Rettung konnte nur ein Farmer bringen, der unweit von Jauru ein Kleinflugzeug besaß und der den Priester nachts um zehn in die Klinik der Hauptstadt flog. Nazareno war willensstark und zäh. Vier Mal überstand er während des Flugs einen Herzstillstand. Dann wurde er auf einer Intensivstation versorgt und am folgenden Morgen in eine Spezialklinik nach Saõ Paulo geflogen. Er lebte noch zehn Tage, war bei Bewusstsein und hat furchtbar gelitten, bis er am 22. Februar 2001 verschied. Nach einer Messe im Dom von Cuiabá wurde er in Jauru bestattet. Dreißigtausend Menschen kamen zu seiner Beerdigung. Dabei beteten die Trauernden nicht nur für diesen wunderbaren Mann, sondern auch für seine Mörder. Auf seinem Sterbebett hatte Nazareno gesagt, was der Maskierte ihm ins Ohr geflüstert hatte:

„Ich bin gekommen, dich zu töten, weil du mir Probleme bereitest."

Im Sterben hatte Nazareno den Killern seine Antwort gegeben, als er uns alle darum bat, ihnen zu verzeihen und um ihre Bekehrung zu beten.

Giancarlo und Isaura, die auf einer kleinen Farm unweit der Stadt Caceres leben und dort einen mobilen Pizzadienst aufgemacht haben, bekommen das Bild nicht aus ihrem Kopf, wie sie gemeinsam mit Nazareno den letzten Abend zu Tisch sitzen. Seitdem haben sie Angst vor Überfällen, Angst vor der Gewalt. Die Furcht kommt immer nachts, wenn sie in der Dunkelheit allein in ihrer einsamen Fazenda sitzen. In Jauru hat der Mord nicht nur das Leben von Pater Nazareno zerstört. Früher war die Pfarrei offen für jedermann. Wer zu Nazareno wollte, der ging einfach zu ihm hin. Nun hat die Gewalt alles kaputtgemacht. Die Pfarrei ist von einer drei Meter hohen Mauer mit Elektrodraht umgeben. Wenn sich ein Fremder nähert, schlagen scharfe Hunde an.

Nazarenos Mörder laufen noch immer frei herum. Die brasilianischen Ermittlungsbehörden haben den Mord nie aufgeklärt, und wenn mich nicht alles täuscht, waren die Bemühungen, die Täter zu fassen, nicht allzu groß.

Dass man auch anders hätte ermitteln können, zeigt der Fall der US-amerikanischen Ordensschwester Dorothy Stang, deren Ermordung im Februar 2005 nicht nur die brasilianische, sondern auch die Weltöffentlichkeit schockierte. Die 73-Jährige, die sich im Bundesstaat Pará für die Rechte der Landlosen eingesetzt hatte, wurde in Anapu im Auftrag eines Großgrundbesitzers von zwei Killern erschossen. Sofort nach der Tat entstand ein massiver Aufklärungsdruck, amerikanische Kriminalspezialisten wurden eingeflogen und nur wenig später waren Täter und Auftraggeber gefasst.

Vertrauen

Für mich blieb die Frage: Woher nahm Nazareno Lanciotti zeit seines Lebens seine Kraft? Solange ich ihn erlebte, war er immer bereit, sogar seinen ärgsten Feinden zu helfen. Selbst für die übelsten Lumpen, die alle längst abgeschrieben hatten, setzte er sich ein. Zugleich stellte er sich immer in den Wind, und der blies ihm oft mächtig ins Gesicht. Wo er die Würde des Menschen verletzt sah, war er unbeugsam; ein harter, aber gewaltfreier Kämpfer, der Auseinandersetzungen nicht provozierte, aber ihnen niemals feige aus dem Weg ging. An seinem Mut hat mich immer beeindruckt, dass er sich klar und deutlich zu seinem Glauben bekannte. Niemals jedoch hat er seine katholischen Überzeugungen jemandem aufgenötigt. Als Seelsorger behandelte er die Menschen alle gleich. Gläubig oder ungläubig, das spielte für ihn, wenn jemand Hilfe benötigte, keine Rolle. Für die Menschen, die ihn kannten und liebten, ist er ein Märtyrer. Auch für mich besteht kein Zweifel: Nazareno gab sein Leben hin in seiner Liebe zu Gott und zu den Menschen.

Ich hatte Mitte der neunziger Jahre die Gelegenheit, eine Woche mit ihm Rom zu besuchen und bei seinen Eltern zu leben, einfache und unglaublich gastfreundliche Menschen, die mich von morgens bis abends mit der schmackhaften italienischen Küche verwöhnten. Nazareno zeigte mir die Stadt, seine ehemalige Pfarrei und machte mich mit vielen Leuten im Vatikan bekannt, wo er überall offene Türen fand. Zugleich nutzte er seine Reisen in die Heimat immer auch, um Kontakte zu pflegen und Unterstützer für seine Projekte zu gewinnen. Nicht nur die Schule für weit über tausend Kinder, auch das Hospital und das Altenheim mussten schließlich irgendwie finanziert werden. Nicht zu vergessen, dass der rührige Nazareno in den Außenbezirken seiner armen Pfarrei ohne eigene Einkünfte 56 Kapellen unterhalten musste, die er gebaut hatte und in die er einmal im Monat zum Gottesdienst fuhr.

Eine der vielen verblüffenden Eigenschaften meines Freundes war die, dass er niemals Leute offen um Unterstützung bat oder gar um Geld bettelte. Es war immer da. Von überall erhielt er Spenden. Aus Italien, Deutschland, Portugal. Selbst schwerreiche Brasilianer aus Saõ Paulo waren von ihm und seiner Arbeit so angetan, dass sie halfen.

Ich hatte Nazareno 1990 in Jauru kennengelernt, und er hatte großes Interesse an der Lepraarbeit in seiner Gemeinde bekundet. Als ich ihn zum ersten Mal besuchte, fühlte ich mich bei ihm sofort wie zu Hause. Was für ein aufmerksamer Gastgeber er war, erlebte ich gleich, da er für mich als Bayer erst einmal ein gutes Bier organisiert hatte. Ich habe Nazareno dann oft als Leprahelfer bei seinen Fahrten in die Gemeinden begleitet und dabei auch eine von seinen Schattenseiten kennengelernt. Wenn ich neben ihm im Auto saß, habe ich

Blut und Wasser geschwitzt. Er ertrug es partout nicht, ein anderes Auto vor sich zu haben und dessen Staub zu schlucken. Daher bretterte er durch den Busch wie der Leibhaftige. Ich sagte dann immer: „Nazareno, unser Schutzengel ist längst ausgestiegen!“ Genutzt haben meine Mahnungen nichts.

„Vertrauen Manfredo, du musst mehr vertrauen“, sagte er mir des Öfteren, weniger beim Autofahren, sondern wenn ich ernsthaft in Bedrängnis oder in Schwierigkeiten war. So sah ich zum Beispiel bei unserer Italienreise, die ich auch für eine Woche religiöser Exerzitien in San Marino nutzen wollte, keine Chance, das Geld für ein Flugticket aufzutreiben und hatte die Reise innerlich schon abgeschrieben. „Ruhe bewahren, Ruhe bewahren, Manfredo, alles wird sich fügen“, meinte Nazareno nur. Und tatsächlich, kurz darauf rief plötzlich ein mir unbekannter deutscher Staatssekretär an. Er sagte: „Sie wollen gern nach Italien. Kein Problem. Das Ticket ist bezahlt.“

Zu mehr Vertrauen riet mir Nazareno auch, als ich in einer misslichen Lage war und meine berufliche Existenz als Repräsentant der Deutschen Lepra- und Tuberkulosehilfe auf dem Spiel stand. Um das Jahr 1994 hatte mich eine Leprakoordinatorin verleumdet. Ich möchte die Geschichte nicht auswalzen, da wir heute längst wieder versöhnt sind und gut zusammenarbeiten. Nur so viel: Der Chefarzt von Rondonopolis beklagte, dass zugesagte Finanzmittel aus der Hauptstadt Brasilia nicht angekommen seien und bat mich, mich nach dem Verbleib der Gelder zu erkundigen, was ich im Gesundheitsministerium von Mato Grosso auch tat. Daraufhin brachte die Lepraverantwortliche, die mir seit Jahren immer wieder aus verschiedensten Gründen Schwierigkeiten bereitet hatte, das Gerücht in Umlauf, ich hätte den zuständigen Minister bezichtigt, das Geld unterschlagen zu haben. Der Mann war zu Recht erbost, ließ sich aber nicht vom Gegenteil überzeugen und forderte meine Ausweisung aus Brasilien. Ich war sehr verzweifelt und wandte mich in meiner Not an Nazareno, der mir eine echte Hilfe war. Er setzte auf Vertrauen in die Wahrheit und auf Gebete, um die Situation zu entschärfen. Der Ratschlag erwies sich als klug, zumal ich eher dazu tendierte, meiner damaligen Feindin ebenfalls den Krieg zu erklären. Anstatt den Konflikt eskalieren zu lassen, wurden die Probleme mit dem Gesundheitsminister beigelegt. Das Geld wurde überwiesen, und ich konnte in Brasilien bleiben.

Helfen

Die Einheit von Glaube und Tat, von Arbeit und Gebet ist für mein Leben als Entwicklungshelfer unverzichtbar geworden. Getreu dem Apostel Paulus sind Taten ohne die Liebe letztlich ohne Wert. Das ist eine Wahrheit. Die Einsicht in diese Wahrheit schützt vor falschem Stolz auf das Erreichte. Die Selbstpromotion, bei der das eigene Ich sich im Licht guter Taten sonnt, zerstört diese Werke wieder. Selbstverständlich habe ich mich gefreut, als man mir vor einigen Jahren die Ehrenbürgerschaft von Mato Grosso antrug und mir 2005 das Deutsche Bundesverdienstkreuz verlieh. Natürlich tut es gut, wenn die eigene Arbeit anerkannt und honoriert wird. Schlimm ist das Gegenteil, gerade bei den vielen jungen Menschen, die keine Arbeit finden und denen jede Anerkennung versagt wird. Über die Folgen, auch für die brasilianische Gesellschaft, wird noch zu sprechen sein. Es wäre gelogen, würde ich behaupten, dass es mir egal sei, ob ich von anderen geschätzt werde oder nicht. Doch alle Anerkennung und alle Ehrungen nützen nichts, wenn sie nur der eigenen Selbstgefälligkeit dienen. Da ist Demut angebracht. Vor der Falle der Eitelkeit des Helfers warnt der Gottesglaube. Er bewahrt auch vor einer Idee des Helfens, die ganz pragmatisch nur das zählt, was unterm Strich herauskommt. Helfen heißt für mich, sich dem Anderen schenken, damit der Andere glücklich wird.

Wer sich verschenkt, zu dem kommt das Glück zurück. Die schlichte Wahrheit, dass Geben seliger macht als Nehmen, wird von der materialistischen Kultur mit ihrem Individualismus zerstört. Wenn Marisa abends müde aus dem Gesundheitszentrum von Cuiabá nach Hause kommt, ist sie oft ausgelaugt. Dennoch macht ihr die aufreibende Arbeit mit den Leprakranken Freude. Die Quelle dieser Freude sind die Patienten, die sich ihrerseits über den Behandlungserfolg freuen und dankbar bekunden, endlich einmal menschlich behandelt worden zu sein. Wenn meine Frau solche Patienten erlebt, sagt sie bisweilen, „heute hat mir Gott wieder einen Engel geschickt". Wo der Egoismus die Überhand gewinnt, machen sich die Engel rar.

Energie durch Vitaminpillen

Helfen heißt aber auch, Missstände beim Namen zu nennen und üblen gesellschaftlichen Entwicklungen mit praktischen Alternativen entgegenzutreten. Sorgen bereitete uns vor Jahren eine Reklame in Rundfunk und Fernsehen, von cleveren Geschäftsstrategen erdacht, um den Leuten das letzte Geld aus der Tasche zu ziehen. Während unserer Lepratouren trafen wir Landarbeiterfamilien, die sich keine Medikamente leisten konnten, aber ihre letzten Centavos für ein neues Vitaminpräparat zusammenkratzten. „Vitasai" heißt das Zeug, und es wurde von lauter schönen, gesunden und erfolgreichen

Menschen in einer aufwendigen Kampagne beworben. Millionen von Dollar wurden für die Promotion ausgegeben, mit dem Erfolg, dass selbst oder gerade die einfachsten Bauern vom Lande in eine Art Vitaminrausch verfielen. Ich habe es oft erlebt, dass Familien ihr letztes Huhn verkauften, um sich eine Packung dieser Pillen zu leisten, die ihnen vitale Kraft und Energie versprach.

Wir wussten aus Medikamentenuntersuchungen, dass dieses Wundermittel nicht hielt, was es versprach. Immer wieder mussten wir die Leute warnen, dafür Geld auszugeben.

„Schaut euch nur um", sagten wir den Landarbeitern. „Ihr habt Orangen, Zitronen, Bananen, Papayas, Mangos, Ananas. Diese Früchte enthalten wesentlich mehr Vitamine als alle diese Tabletten."

Ein Glas Zitronensaft wäre gesünder gewesen als die Vitaminpillen, aber in ihrer Gutgläubigkeit vertrauten die Leute der Werbung, bis sie merkten, dass Vitasai sie nicht gesünder, sondern ärmer machte.

Helfen bedeutet auch, den Menschen jene Möglichkeiten zu eröffnen, die sie nicht sehen, obwohl sie direkt vor ihrer Haustür liegen. Arzneimittel zum Beispiel. Brasilianische Medikamente erwiesen sich in der Vergangenheit oft als unbrauchbar. Sie enthielten entweder nicht die angegebenen Wirkstoffe oder waren durch falsche Lagerung in der tropischen Hitze verdorben. Im Gegensatz zu den Medikamenten, die die deutsche „Aktion Medeor" lieferte, taugten die einheimischen Arzneien nicht viel. Deutsche Antibiotika, Schmerzmittel oder Medikamente zur Wurmbehandlung waren einfach besser und wirkten schneller. Das haben mir Ärzte vielfach bestätigt. Für eine Aspirin mussten sie die vierfache Dosis an hiesigen Produkten verschreiben, um die gleiche Wirkung zu erzielen. So genannte Medikamentenfakes sind ein echtes Problem. So wunderte sich ein Arzt, dass er Unmengen an Kortisontabletten verabreichen musste, bis sich bei seinen Patienten ein Heilungseffekt einstellte und gab eine Untersuchung in Auftrag. Bei einer Laboranalyse fand ein brasilianisches Institut heraus, dass das Präparat statt der angegebenen Wirkstoffmenge von zwanzig Milligramm nur zwei Milligramm enthielt.

Eine Studie der Weltgesundheitsorganisation WHO war für uns von großer Bedeutung. Sie besagte, dass rund achtzig Prozent aller Krankheiten mit heimischen Heilpflanzen behandelt werden können. Diese Pflanzen wachsen überall in Mato Grosso im Busch, man muss sie nur kennen.

Wir haben deshalb in vielen Dörfern Seminare veranstaltet, zu denen alle eingeladen waren, die Wissen über die Heilpflanzen beisteuern konnten. Jeder brachte die Gewächse mit, die er kannte und um deren Wirkung er wusste. Wir legten dann Hefte an, mit den Namen der Pflanzen, den heilbaren Krankheiten, mit einer Anleitung zur Zubereitung der Medikamente und Hinweisen zu der Wirkung. In Gärten rund um die lokalen medizinischen Versorgungsposten wurden diese Pflanzen dann angebaut. Geerntet, präpariert und in Gläsern aufbewahrt stehen die Naturheilmittel den Gesundheitsagenten nun jederzeit zur Verfügung.

Santa Maria etwa heißt ein Strauch, dessen Blätter, zu Tee aufgebrüht, hervorragend gegen Wurmerkrankungen helfen. Bei Leberproblemen wirken die Blätter der Pflanze Boldo, die zerstampft und mit Wasser zu einem Sud angesetzt werden müssen. Blätter der Goiabafrucht sind gut bei Darmproblemen, während ein Tee aus den männlichen Blüten der Papaya die Blutfette senkt. Kopfschmerzen, Rheuma, Nieren- und Blasenleiden, Rückenschmerzen, Wundinfektionen, Schlangenbisse, gegen alles gibt die brasilianische Flora kostenlos etwas her. So hilft etwa eine große und äußerst bittere Zitrusorange namens Laranja da terra bei bestimmten Hautpilzen. Die Frucht wird ausgekocht und der Saft zum Einreiben benutzt, allerdings nur in der Dunkelheit der Nacht. Bei Sonnenlicht angewendet, können Allergien auftreten.

Ich empfehle diese Heilpflanzen ausdrücklich. Sie kosten kein Geld und sind genauso wirksam wie die Medikamente aus der Apotheke. Man muss nur eine verständliche Sprache finden, um die Menschen, die oft nur wenige Jahre eine Schule besucht haben, zu erreichen. Mit Begriffen wie Vitamine, Proteine oder Mineralien wissen sie nicht viel anzufangen. Wenn ich jedoch erkläre, dass der Mensch die Proteine braucht, die in Milch, Käse, Fisch oder Bohnen enthalten sind, weil sein Körper sonst wie ein Haus ohne Ziegelsteine in sich zusammenfällt, dann werde ich verstanden. Dass Kinder Vitamin D für Knochenbau und Wachstum brauchen, dass Vitamin C gut für gesunde Zähne und wichtig für die Abwehrkräfte ist, vergessen die Leute schnell, nicht aber, wenn sie wissen, dass die Vitamine wie das Holz sind, das die Flammen des Feuers am Brennen hält. Eine gesunde Ernährung ist eine wesentliche Quelle der Kraft, von der die armen Landarbeiter nicht zwangsläufig abgeschnitten sein müssen, wenn sie ihre Möglichkeiten nutzen. Salat und Gemüse, Milch, Eier, Fleisch und eine riesige Vielfalt an Früchten – das Land bietet alles, wenn es mit etwas Wissen kultiviert wird. Wer allerdings Produkte wie Vitasai verkaufen will, hat an der Verbreitung dieses Wissens logischerweise kein Interesse.

Zweimal jährlich finden in Brasilien nationale Impfmaßnahmen gegen Kinderkrankheiten statt, um die Jungen und Mädchen selbst in den entlegensten Flecken vor Kinderlähmung, Keuchhusten oder Masern zu schützen. Als solche Impfkampagnen im Pantanal anstanden, meldete ich mich freiwillig zu den Buschtouren in eine der wunderbarsten Regionen der Erde. Denn auch die Schönheit der Natur und die Vielfalt der Landschaften des Mato Grosso waren für mich immer eine Quelle, um neue Kraft zu schöpfen. Und was schien dazu geeigneter als das legendäre Sumpf- und Überschwemmungsgebiet Pantanal. Mit einer Fläche von 250.000 Quadratkilometern, die sich über den Mato Grosso bis Bolivien und Paraguay erstreckt, ist es das weltweit größte Feuchtbiotop mit einem unglaublichen Reichtum an Pflanzen und Tieren. Mit seinen 600 Vogelarten, Krokodilen, Jaguaren, Wölfen, Affen, Schlangen und Fischen gilt das Pantanal zu Recht als eines der letzten Naturparadiese.

Fahrten ins Pantanal bedürfen der gründlichen Vorbereitung. Ausgerüstet mit Reservekanistern und 200 Litern Diesel, Autoersatzteilen, Styroporkisten mit Eis zur Kühlung der Impfstoffe, Notfallmedikamenten, Proviant und Unmengen an Mineralwasser brachen wir zu unserer zweiwöchigen Tour auf. Mit von der Partie waren unser Lepraspezialist in Rondonopolis, Dr. Cassio Ghidella, der Schuster Lourenço Ribeiro da Cruz Neto und der Inspektor der Malariabehörde, der uns als Führer diente.

Nach vierzig Kilometern ging die Asphaltstraße in Erdpisten über, die zunächst noch einigermaßen passierbar waren. Doch je weiter wir ins Pantanal hineinfuhren, desto schlechter wurden die Wege. Oft ging es quer durch die Buschlandschaft, ohne jede Markierung. Ohne Führer wären wir verloren gewesen. Wir fuhren die Dörfer ab, die per Rundfunk über unser Kommen informiert waren und führten unsere Impfungen, Malaria- und Leprauntersuchungen durch. Nachts schliefen wir in Hängematten, die wir unter freiem Himmel zwischen die Bäume spannten, oder teilten die schlichten Holzbaracken mit den Rindertreibern der Farmen. Ich bevorzugte immer die Hängematten, da sie etwas Schutz vor Schlangen versprachen. In den Hütten kam es immer wieder vor, dass Giftschlangen nachts vom Dachgebälk in die Schlaflager fielen. Diese Gefahr wollte ich meiden. Bevor wir draußen in die Hängematten krochen, sammelten wir Kuhfladen, die wir anzündeten, um mit dem Rauch und dem Gestank wilde Tiere fernzuhalten.

In den achtziger Jahren war diese Art von Quartier nicht ungefährlich. Nachts tummelten sich im Pantanal Wilderer, die umherschlichen und die Krokodile abknallten, deren Häute dann aus dem Land geschmuggelt wurden. Die meisten Häute wurden nach Europa verschoben, wo teure Schuhe aus Krokodilsleder sehr begehrt waren. Die Banditen wurden von Polizisten der Naturschutzbehörde gejagt, die den Wilderern in jeglicher Hinsicht unterlegen waren, vor allem was die Waffen betraf. Bei den Zusammenstößen kam es zu harten Feuergefechten. Da sowohl die Wilderer als auch die Polizisten in Hängematten schliefen, passierte es immer wieder, dass die Wilderer ganz einfach auf Hängematten schossen, in der Absicht, die Polizisten zu töten. Man empfahl uns daher, stets einige Hängematten mit Steinen zu füllen und selber abseits an einem versteckten Platz zu schlafen. Häufig hörten wir nachts Schüsse, die den Urwaldfrieden jäh unterbrachen. Die Wilderer leuchteten die Krokodile mit starken Lampen an und zielten zwischen die Augen. Am nächsten Morgen sahen wir dann das Elend: massenweise tote, gehäutete Krokodile. Das Morden und der Schwund der Reptilien störte das Gleichgewicht der Natur empfindlich und führte zu einer rasanten Zunahme der Piranhas, die andere Fische in den Flüssen verdrängten. Heute hat man das Problem unter Kontrolle. Viele Farmer haben sich auf die Krokodilzucht spezialisiert, so dass der Abschuss frei lebender Tiere den Wilderern keinen Profit mehr bringt.

O João Bravo – Der wilde Hans

Wir waren schon mehr als eine Woche unterwegs, hatten ungezählte Kilometer in unserem schlecht gefederten Jeep hinter uns, als wir uns bei sengender Sonne um die Mittagszeit der Farm eines Großgrundbesitzers näherten, der João Bravo gerufen wurde, der wilde Hans. Seit fünf Uhr morgens waren wir auf den Beinen, hatten Hunderte von Kindern geimpft und fuhren nun das Haus des Besitzers an, um mit ihm den Ablauf der Impfung der Kinder seiner Angestellten zu besprechen. João Bravo lebte in einer Luxusvilla mitten im Busch. Bravo war im ganzen Pantanal verrufen und wegen seiner Brutalität gefürchtet. Man sagte ihm nach, er zögere nicht, seinen Revolver zu gebrauchen. Als wir das Anwesen erreichten, war niemand zu sehen. Ich schaltete den Motor ab, stieg aus und rief nach dem Besitzer. Niemand meldete sich. Wie in solchen Fällen üblich, ging ich ganz einfach in das Haus, um zu sehen, ob jemand anwesend war. Dr. Cassio, Lourenço und unser Führer warteten derweil im Auto. Plötzlich raste draußen ein Jeep mit hoher Geschwindigkeit heran und legte eine Vollbremsung hin. Der wilde Hans sprang aus seinem Landrover, zog seinen 38er Revolver und schrie meine Begleiter an:

„Wo ist euer verfluchter Fahrer! Ohne Einladung in mein Haus zu gehen! Dieser Schweinehund!"

Cassio, Lourenço und der Führer wurden kreidebleich, wagten kein Wort zu sprechen und bangten um ihr Leben. Rasend vor Wut stürzte João Bravo in seine Villa, aus der ich gerade den Rückzug antrat, nachdem ich seine Tochter bei einem Nacktbad im Schwimmbad überrascht hatte, was mir natürlich sehr peinlich war. Bravo drohte mit der Waffe und brüllte mich wie ein Wahnsinniger an: „Du Mistkerl! Ich lege dich um!"

Das durfte ich mir nicht bieten lassen. Ebenfalls hochgradig wütend brüllte ich zurück:

„Steck deine Knarre weg! Was fällt dir ein, mich so zu behandeln, du undankbarer Kerl! Wir nehmen jede Menge Strapazen auf uns, reißen uns den Hintern auf und sind seit Tagen unterwegs, um hier die Kinder zu impfen. Und du! Du drohst mir und willst mich umlegen. Ich habe keine Lust, mich von dir so schikanieren zu lassen. Ruf sofort deine Leute zusammen. Wir haben es eilig!"

Zu meinem Erstaunen steckte João Bravo seinen Revolver weg. Während er höflich fragte, was er tun solle, zitterten meine drei Begleiter und fürchteten, jeden Augenblick würde ein Schuss fallen und ich tot zusammenbrechen. Als João Bravo seine Leute zusammentrommelte und bei der Organisation der Impfungen half, staunten die drei nur noch Bauklötze. Zu unserer Überraschung lud uns João Bravo auch noch zum Mittagessen ein, und im Pantanal verbreitete sich die Nachricht wie ein Lauffeuer, der Deutsche Manfredo habe dem wilden Hans die Stirn geboten und überlebt.

Der harmlose Puma, Tarzan und Jane

Zu der Zeit, als noch niemand mit Mobiltelefonen ausgerüstet war, bat mich das städtische Gesundheitsamt von Itiquira, unter den Bewohnern einiger weit verstreuter Farmen im Pantanal eine Leprauntersuchung durchzuführen, die per Radio angekündigt wurde. Bevor ich mich mit einer Krankenschwester auf den Weg in die Wildnis machte, besorgten wir uns eine einigermaßen detaillierte Straßenkarte und klärten, wo wir eventuell eine Übernachtungsmöglichkeit finden würden. Unser Hauptquartier war eine größere Farm unweit eines Wasserfalls, den der Besitzer dazu nutzte, mit einem Generator Strom zu erzeugen. Auch sollte es hier einige ordentliche Gästezimmer geben.

Wir erreichten das Anwesen am Nachmittag. Ich bezog mein Zimmer und setzte mich in einen Schaukelstuhl auf der Veranda, um die Ruhe zu genießen. Plötzlich tauchte eine Horde Leute auf, mit Filmkameras bewaffnet.

„Wahrscheinlich wieder so ein Fernsehteam, dass einen Beitrag über die Schönheiten des Pantanal dreht“, ging es mir durch den Kopf, als ein junger Mann auf mich zu trat.

„Willst du ein kaltes Bier?“

Ich dachte, ich höre nicht richtig. Bei dieser brütenden Hitze, ein kühles Blondes. Das wäre nicht schlecht. Nur woher? „Wir sind hier im Busch“, antwortete ich misstrauisch. „Wo willst du denn da kaltes Bier herholen?“

„Komm mal mit“, sagte der Typ und führte mich zu einem Lager aus lauter Wohnwagen. Ich traute meinen Augen nicht: drei riesige Kühlschränke voll mit Bierdosen. Ich langte zu und man erklärte mir, in was für eine merkwürdige Szenerie ich da geraten war. Ein internationales Filmteam aus Franzosen, Amerikanern und Brasilianern drehte eine Abenteuerserie mit sage und schreibe 27 Folgen, die weltweit verkauft und ausgestrahlt werden sollte. Zum Inhalt so viel: Nach irgendeinem Unglück, einem Flugzeugabsturz oder etwas Ähnlichem, verschlägt es ein Ehepaar in den Dschungel, wo an jeder Ecke Gefahren lauern. Die Dreharbeiten fanden im Pantanal und im Amazonasgebiet statt, wo die Verschollenen sich ständig im Kampf bewähren mussten, gegen wilde Tiere, gegen feindselige Indianerstämme, gegen alles Mögliche.

Beim gemeinsamen Abendessen wollten die Filmleute von mir wissen, was mich in die abgeschiedene Gegend geführt hatte. Sie waren etwas geschockt, als sie erfuhren, dass es im Pantanal Leprakranke gab, doch die Leute waren sehr aufgeschlossen und wollten alles über meine Arbeit wissen. Im Gegenzug hatte ich das Vergnügen, nicht nur einen Einblick in die Welt des Films zu erhaschen, sondern auch die Hauptdarsteller kennen zu lernen. Tarzan und Jane wurden sie gerufen. Er war ein großer, blonder und überaus kräftiger Kerl, der rund um die Uhr von seinem Schimpansen Cheetah begleitet wurde. Der Affe saß ständig auf Tarzans Schulter, den man grundsätzlich mit einer Dose Bier in der Hand sah, so dass mein heldenhaftes Tarzanbild aus Jugendtagen ins Wanken geriet.

Am nächsten Tag lud man mich zu den Dreharbeiten ein, und ich wurde Zeuge, wie Jane einem leibhaftigen Puma begegnete. Sie stand auf einem höchstens zwei Meter hohen Felsen, der später im Film aufgrund der raffinierten Kameratechnik ziemlich gigantisch aussehen sollte, und unten lag lauernd das Raubtier. Just als er Jane anfauchen und angreifen sollte, fing der Puma an zu kotzen. Das arme Tier war viel zu vollgefressen und hatte die Betäubungsspritze nicht vertragen. Also musste der Dreh dieser harmlosen, nur auf der Leinwand bedrohlichen Szene nachgeholt werden, als der Puma wieder halbwegs auf den Beinen war.

Als ich an einem der folgenden Tage nachmittags von einer Leprauntersuchung zu der Farm zurückkehrte, bedeutete man mir, gut hundert Meter vor dem Drehort zu warten und den Motor abzuschalten, um die Aufnahmen nicht zu stören. Jane musste in einem Einbaum über einen eingezäunten Teich paddeln, in dem es von halbbetäubten Krokodilen nur so wimmelte. Um den Zaun standen vier Scharfschützen, ihre Gewehre im Anschlag. Als Jane mich erblickte, unterbrach sie die Filmaufnahmen und kam freundlich auf mich zu.

„Hast du einen Notfall oder dürfen wir weiterdrehen."

„Nein, macht ruhig weiter, wenn ich zuschauen kann."

Natürlich durfte ich dem Team bei den Dreharbeiten über die Schulter schauen. Das Spannendste daran war, zu erleben, wie wenig gefährlich die Gefahr ist, wenn man nur schauspielert und die Filmemacher in ihre Trickkiste greifen.

Einen kleinen Einsatz hatte ich auch. Zwar nicht im Film, dafür aber wurde meine medizinische Hilfe benötigt, als Tarzan sich am Finger verletzte, und ich mit dem Verbandskasten für die Erste Hilfe anrücken musste. Ich legte dem starken Burschen einen Verband an und er gestand, dass er schreckliche Angst habe. Seit er von mir von der Lepra erfahren hatte, fürchtete er, sich mitten im Pantanal mit Bazillen anzustecken. Ich konnte ihn beruhigen und ihm erklären, dass er nicht in Gefahr schwebte und gewann die Erkenntnis, dass der Held meiner Jugend in Wirklichkeit ein Angsthase war.

Leben mit der Gewalt

Steine fliegen

Helfen heißt aber mitunter auch, sich zu seinen Überzeugungen zu bekennen und sich angreifbar zu machen. Und das wiederum heißt, Ärger in Kauf zu nehmen.

Bei unseren Leprakampagnen stellten sich die systematischen Reihenuntersuchungen in den Schulen als sehr effektiv heraus. Zwar erlebte ich hin und wieder beim Betreten eines Klassenzimmers, dass die Jungen und Mädchen stumm in ihren Bänken kauerten und vor Angst zitterten. Jedoch stellte sich dann heraus, dass zuvor einige Lehrer solche Schauermärchen über die Lepra erzählt hatten, dass die Kinder fürchteten, ich werde sie mit Krallenhänden infizieren. Nachdem ich offen mit den Schülern gesprochen hatte, konnten sie ihre Furcht ablegen und erwiesen sich als effektive Helfer beim Kampf gegen die Hanseniase. Bevor wir die Kinder untersuchten, klärten wir sie gründlich auf und schulten die Lehrer. Oft waren es 500 Schüler, die anschließend so gut über die Krankheit informiert waren, dass sie ihre Familienangehörigen mit dem Bleistifttest auf gefühllose Hautflecken hin prüfen konnten. So geriet in den Schulen ein Schneeballsystem ins Rollen, das erlaubte, in Städten mit 20.000, 30.000 Einwohnern gute Ergebnisse bei der Früherkennung und Behandlung der Leprakranken zu erzielen.

Die Schüler lauschten meinen Diavorträgen immer neugierig und wie gebannt, zum einen, weil die Lepra in ihren Familien ein brisantes Thema war, zum anderen, weil ich immer auch Deutschlandbilder mit schneebedeckten Alpen zeigte, um den Vortrag interessanter zu gestalten. Als die DAHW ihr Engagement in den neunziger Jahren auf die Bekämpfung der Tuberkulose ausweitete, änderte sich auch meine Rolle. Ich war nicht mehr allein ein Aufklärer in Leprafragen, sondern auch ein Mahner. Nicht, weil ich mich als Moralapostel fühlte, sondern weil einige Entwicklungen einen verhängnisvollen, für viele junge Leute tödlichen Verlauf nahmen.

Es ist bekannt, dass der rapide Anstieg von Tuberkuloseerkrankungen in Asien, Afrika und Lateinamerika eine Folge der Immunschwäche Aids ist. Ich kam also nicht umhin, dieses Thema bei den jungen Leuten anzusprechen, da viele von ihnen Drogen konsumieren. Sie benutzen dabei häufig dieselbe Spritze und infizieren sich durch unsaubere Nadeln mit dem HI-Virus. Es war und ist daher meine Pflicht, den Jugendlichen deutlich zu machen, dass die Drogen, die in Cuiabá überall relativ billig zu bekommen sind, ihr Leben zerstören.

„Wenn ihr einen Freund habt, der euch Drogen verkaufen will", sage ich bei meinen Vorträgen, „dann ist das kein Freund. Und wenn einer eurer Freunde Rauschgift nimmt, so ist eure Aufgabe, ihm zu helfen, damit aufzuhören, sich und andere zu ruinieren."

Schon das bloße Wort „droga" bedeutet nichts Gutes. Die Redewendung „È uma droga" benutzt man in Brasilien, wenn etwas nichts taugt, wenn es Mist ist, Dreck. Ich wurde von allen möglichen Leuten immer wieder gewarnt, gerade in den problematischen Randzonen der Städte nicht allzu hart und offensiv über dieses Thema zu sprechen, schließlich saßen unter meinen Zuhörern nicht nur viele Drogenkonsumenten, sondern auch jene Dealer, die ich scharf verurteilte und denen meine rigorose Haltung das Geschäft verdarb.

Als wieder einer meiner Vorträge in einer Schule in der Peripherie von Rondonopolis angekündigt war, hatten sich auf dem ummauerten Schulhof abends über fünfhundert Jungen und Mädchen versammelt. Plötzlich flogen große Steine in den Innenhof. Dann setzte ein regelrechter Steinhagel ein. Eine der lokalen Drogenbanden hatte ihre Leute mobilisiert und uns aus dem Dunkel angegriffen. Einige Schüler wurden verletzt und Panik brach aus. Jeder versuchte, sich in Sicherheit zu bringen. Ich verschanzte mich unter dem Tisch meines Diaprojektors. Nur weil eine Lehrerin ihren Bruder anrief, einen Polizisten, wurden die Angreifer mit dem schnellen Auftauchen des Einsatzwagens in die Flucht geschlagen und man brachte mich mit Polizeischutz nach Hause. Man fürchtete, die Kerle würden mir irgendwo auflauern.

Die Panik unter den Schülern wird verständlich vor dem Hintergrund, dass kriminelle Jugendgangs nicht selten Schulen in den Armenvierteln überfallen. Oft reicht es, dass ein Bandenmitglied von der Schule fliegt oder mit einem Lehrer Ärger hat, um das Pulverfass der Gewalt zur Explosion zu bringen. Mit Messern und Revolvern halten die Burschen die Lehrer in Schach, vergewaltigen Lehrerinnen vor den Augen der Kinder, zerschlagen das Mobiliar und verbreiten mit ihrer Brutalität Angst und Schrecken. Es gab eine Zeit, da weigerte sich das Lehrpersonal, das in Brasilien wegen des Schulraummangels oft in drei Schichten unterrichtet, abends die Schulgebäude zu betreten, so dass heute viele Schulen von Sicherheitsleuten bewacht werden. Auch die Missionsschule der Salesianer, die meine beiden Kinder in Cuiabá besuchten, bekam einen Anruf, dass so ein Überfall bevorstehe. Sofort wurde die Schule evakuiert und Polizeischutz angefordert. Die Botschaft der Steinewerfer an mich war jedenfalls unmissverständlich: Halt dein Maul und komm uns nicht in die

Quere. Aber davon durfte ich mich nun wirklich nicht einschüchtern lassen.

Junge Menschen, das gilt nach meinen Erfahrungen in Brasilien ebenso wie in Deutschland, wünschen sich, dass man ihnen mit klaren Positionen begegnet und eindeutig Stellung bezieht. Sie wollen keine Erwachsenen, die sich um die Probleme herum winden. Neben dem Leprazentrum von Cuiabá befindet sich die ambulante Behandlung für Aidskranke und es ist erschreckend zu sehen, wie viele junge Menschen dort in Siechtum dem Tod entgegen dämmern.

Um weltweit die Zahl der Aidstoten nicht weiter ansteigen zu lassen, empfehlen Gesundheitsbehörden rund um den Globus und auch die Weltgesundheitsorganisation Kondome als wirksamen Schutz vor einer HIV-Infektion. Organisationen, die sich mit dem Problem ernsthaft auseinandersetzen, konnten jedoch wissenschaftlich nachweisen, das Kondome keine hundertprozentige Sicherheit gewährleisten. Die medizinische Hochschule in Miami veröffentlichte eine Untersuchung, wonach drei von zehn Frauen, die Geschlechtsverkehr mit HIV-infizierten Ehemännern hatten, die Präservative benützten, nach einem Zeitraum von 18 Monaten an Aids erkrankten. Jedoch ist nicht nur die Durchlässigkeit der Kondome mit ihren mikroskopisch kleinen Poren ein Problem, sondern auch die Qualität des Materials, der Transport und die Lagerung in Tropenländern mit extrem heißem Klima. Der Leiter von Provida in Brasilien, Humberto Vieira, sagte in einem Interview, dass ein Flughafen, auf dem drei von zwanzig Flugzeugen bei der Landung abstürzen, wohl nicht als sicher gelten kann.

Die aktuellen Aidskampagnen verschweigen einen Teil der Informationen und sie banalisieren moralische Wertmaßstäbe. Mit der Diskussion für oder gegen den Gebrauch von Kondomen ist nur der pragmatische Aspekt der Vermeidung von

Aids angesprochen, nicht aber die Frage der Einstellung und des Umgangs mit der Sexualität. Und die ist für mich entscheidend.

Wenn man mit den todkranken Aidspatienten spricht, bereut im Grunde jeder, der sich bei einem sexuellen Abenteuer infizierte, worauf er sich eingelassen hat. Es ist tragisch, dass für viele diese Einsicht zu spät kommt. Auf solche gefährlichen Abenteuer zu verzichten, erfordert einen starken Willen. Man will das Leben genießen, Spaß haben, und zwar jetzt und sofort, ohne Rücksicht und blind für die Folgen.

Dem stelle ich eine Alternative entgegen, aus der Erfahrung, dass der- und diejenige am meisten Freude empfindet, der in Treue zu einem geliebten Menschen hält. Unseren Kindern zu sagen, wenn ihr ständig eure Partner wechselt, benutzt bitte Kondome, damit ihr auf der sicheren Seite seid, das ist für mich unverantwortlich. Da mache ich meinen Standpunkt unmissverständlich klar und sage den Jugendlichen: „Fragt doch die Leute, die ständig Sex mit anderen Partnern haben, ob sie mit ihrem Leben zufrieden sind."

Das sind sie nicht. Sie jagen nur einem kurzfristigen Lustgewinn hinterher, was auf lange Sicht niemanden glücklich macht. Natürlich bin ich mit solch einer Position auch angreifbar und ernte bisweilen Kritik, aber so kommt wenigstens ein ernsthaftes Gespräch zu Stande. Wie jemand leben möchte, ist letztlich die Entscheidung jedes Einzelnen. Nur gilt es daran zu erinnern, das der Mensch eben nicht für sich allein lebt, und seine Lebensentscheidungen auch Konsequenzen für Andere haben.

Cuiabá, ein heißes Pflaster

Wenn ich einen Brasilianer, der die Gelegenheit hatte, Deutschland zu besuchen, frage, was ihm in meiner alten Heimat am besten gefällt, so erhalte ich stets die gleiche Antwort. Alle sind erstaunt, regelrecht begeistert, dass man sich in Deutschland frei auf den Straßen bewegen kann. Vor allem nachts. Man braucht keine Angst zu haben, überfallen und ausgeraubt zu werden. Hingegen haben hohe Kriminalitätsraten und die Herrschaft von Verbrecherbanden brasilianische Städte, allen voran Sao Paulo und Rio de Janeiro, weltweit in Verruf gebracht. Weniger bekannt ist, dass auch Cuiabá eine hohe Verbrecherstatistik aufweist, obwohl sich die Lage laut Statistik etwas verbessert hat. 1992 zog ich mit Marisa und unseren Kindern Roberto und Rose in die Landeshauptstadt von Mato Grosso, die mit dem benachbarten Varzea Grande gut 800.000 Einwohner zählt. Das Gesundheitsministerium hatte uns zu Beginn der neunziger Jahre gebeten, ein landesweites Leprakontrollprogramm zu organisieren, weshalb die DAHW ihren Sitz aus der Provinzstadt Rondonopolis in Mato Grossos Metropole verlegte.

Die ersten Jahre wohnte ich mit meiner Familie in dem Stadtviertel Boa Esperança, dessen Name „gute Hoffnung" im Laufe der Zeit nicht mehr hielt, was er versprach. Unser Sohn Roberto wurde fünf Mal das Opfer von bewaffneten Raubüberfällen. Dabei hatte er noch großes Glück, als er mit seinem kleinen Fiat vor einer Ampel anhalten musste und sechs Jugendliche in sein Auto sprangen. Sie zwangen ihn, in eine Favela zu fahren, wo er komplett ausgeraubt wurde, Hemd und Schuhe inbegriffen. Danach ließ man ihn frei, was keineswegs selbstverständlich ist. Als Roberto den Überfall der Polizei meldete, sagten die Beamten nur: „In das Viertel fahren wir nicht. Zu gefährlich."

Auch Odete, die Sekretärin unseres DAHW-Büros hat diese Art von Überfällen mehrfach erlebt. 2002 besuchte sie eine Party in einem Hinterhof, als einige Gangster in die Festgesellschaft platzten. Sie nahmen Odete als Geisel, hielten ihr eine Pistole an das Ohr und drohten, sie abzuknallen. Dann raubten sie die Partygäste aus und verschwanden mit einem gestohlenen Auto. Ein Jahr später wurde Odete erneut überfallen, und im November 2005 drängte sich an einer Kreuzung im Stadtzentrum ein Mann in ihr Auto, der nur kurz auf die Pistole in seinem Gürtel deutete. Das reichte zur Einschüchterung. Wenn sie Alarm schlage, werde er sie umlegen, drohte der Kerl und zwang Odete, für ihn einzukaufen, Schnaps, Bier, Zigaretten. Als er sie nötigen wollte, mit der Kreditkarte ihr Konto leer zu räumen, und Odete versicherte, sie habe kein Geld auf der Bank und sei die alleinige Ernährerin ihrer Familie, ließ der Gangster schließlich von ihr ab. Seitdem fährt sie mit ihrem alten Opel Corsa ohne Klimaanlage auch bei 40 Grad Hitze nur noch mit geschlossenen Fenstern durch Cuiabá.

Vor einigen Jahren scheiterte ein Versuch, unsere Tochter Rose zu entführen. Es war abends gegen 20 Uhr, als sie von einem Freund und einer Freundin mit dem Auto nach Hause gebracht wurde. Als sie direkt vor unserer Haustür aus dem Wagen stieg, stoppten plötzlich zwei Burschen mit einem Fahrrad. Sie hielten Rose einen Revolver an den Kopf und wollten sie zwingen, wieder in das Auto zu steigen, mit dem sie verschwinden wollten. Rose riss sich los. Gottlob verfehlte sie der Schuss, als sie ins Haus rannte. Als die Täter anschließend versuchten, ihre Freundin zu entführen, liefen einige Nachbarn auf die Straße und die Kerle suchten das Weite. Nach einer halben Stunde tauchte endlich die Polizei auf und empfahl uns, für Rose einen Leibwächter anzustellen. Für eine Woche engagierten wir einen Sicherheitsposten vor unserer Tür, doch als alles ruhig blieb, verzichteten wir auf den Schutz.

Das Leben in Boa Esperança wurde allmählich unerträglich. Innerhalb weniger Jahre hatte sich das traditionelle und ruhige Mittelschichtsviertel am Stadtrand zu einem der gefährlichsten Stadtteile in Cuiabá entwickelt. Die Täter wurden immer aggressiver. Vor drei Jahren wurden unsere Nachbarn und Freunde Angela und Ary überfallen, das Juristenehepaar, das ich früher schon erwähnt habe und das sich während meiner Zeit in Rondonopolis für die Landarbeiter engagierte und meine Lepraarbeit sehr stärkte, indem sich die beiden dafür einsetzten, dass ich 1990 den Menschenrechtspreis der Diözese verliehen bekam.

Äußerst brutale Einbrecher drangen abends in ihr Haus ein und taten der Richterin vor den Augen ihres Mannes und ihrer beiden Kinder Gewalt an. Anschließend raubten sie alles, was sich auf die Schnelle zu Geld machen lässt: Schmuck, Computer, Handy, Videorecorder, Fotoapparate. Nach diesem bösartigen Schock für unsere Freunde war für uns das Maß voll. Wir mussten raus aus Boa Esperança, trotz der üblichen Schutzmaßnahmen. Wie alle Häuser war auch unser Haus von einer drei Meter hohen Mauer umgeben. Darauf war der obligatorische Elektrozaun mit 10.000 Volt montiert, der jeden Eindringling außer Gefecht setzt. Wie alle Nachbarn hatten wir vergitterte Fenster, eine Alarmanlage und ein Garagentor mit Fernbedienung, zusätzlich noch einen Dackel und einen Schäferhund, der niemanden ins Haus ließ, der nicht zur Familie gehörte. Kurzum, die Wohnsituation war durch die ständige Bedrohung unerträglich geworden. Heute leben wir im neunten Stock eines bewachten Hochhauses unweit der Innenstadt, was das Wohnen zwar einigermaßen sicher macht, die Lebensqualität jedoch einschränkt. Abends mal kurz mit dem Hund raus zu gehen, das kann man vergessen.

Die Sorge um die Sicherheit zwang uns im Jahr 2000 dazu, auch mit unserem DAHW-Büro in den Work-Tower, einen 17-stöckigen Büroturm in Cuiabá zu ziehen. 4000 Besucher gehen in dem Gebäude täglich ein und aus, und obwohl auf jedem Flur Überwachungskameras installiert sind, ist auch dieses Hochhaus nicht sicher. Direkt unter unserem Zwei-Zimmer-Office im dreizehnten Stockwerk hat ein Arzt seine Praxis, der mit ansehen musste, wie sich ein vermeintlicher Patient in sein Wartezimmer setzte. Irgendwann zog er seinen Revolver und raubte alle Anwesenden aus. Danach durchtrennte er die Telefonleitungen, verlangte die Praxisschlüssel, sperrte alle Leute ein und machte sich in aller Seelenruhe aus dem Staub.

Es muss schon schlimmer kommen, bis die Zeitungen über solche Vorfälle überhaupt noch berichten, so über jenen spektakulären Raub, als eine schwer bewaffnete achtköpfige Bande um die Mittagszeit das modernste und sicherste Hochhaus von Cuiabá überfiel, den Pförtner und Wächter ausschaltete und beim Plündern der Apartmentwohnungen 100.000 Dollar erbeutete. Seitdem ein obskurer Kerl auch in unser DAHW-Büro eindringen wollte, liegen in einem Schreibtisch immer 500 Real an Bargeld. Einbrecher, die keine Beute machen, erschießen ihre Opfer nicht selten aus purem Frust. Besonders, wenn sie Geld für Drogen brauchen. Mit umgerechnet 135 Euro jedoch geben sich die meisten Ganoven zufrieden.

Ich selbst wurde zwar öfter bedroht, blieb aber Gott sei Dank von Überfällen verschont. Nur einmal klauten mir Diebe aus meiner Jacke in einer Garderobe meine Brieftasche mit allen Ausweispapieren, Bankkarte und Bargeld. Aber das war in

Bonn, als ich in einer Pfarrei vor Senioren einen Vortrag über meine Arbeit in Brasilien hielt. In meinem blinden Vertrauen in die deutsche Rechtschaffenheit hatte ich idiotischerweise auch meine Geheimzahl auf einem Zettel notiert. Bevor meine Kreditkarte gesperrt wurde, hatten die Diebe noch 500 Euro von meinem Konto gezogen. Ich erfuhr dann, dass in der Pfarrei schon des Öfteren gestohlen wurde, weil Drogenabhängige ganz in der Nähe ihren Treffpunkt hatten. Ich war natürlich stinksauer. Irgendwann ist schließlich auch mal Schluss mit der Nächstenliebe. Als ich ohne meinen gestohlenen Pass wieder nach Brasilien einreisen wollte, legte ich den Grenzbeamten das deutsche Polizeiprotokoll vor. Als ich ihnen das Dokument übersetzt hatte, lachten sie sich schlapp. „Nein so was. Diebe! Bei euch in Deutschland! Geht das da jetzt auch los?"

„Sie sind verhaftet!"

Eine kleine Episode aus der alten Heimat soll an dieser Stelle auch erzählt werden. Ich besuchte meine Großmutter in Treuchtlingen, war abends zuvor aus Brasilien angekommen und nun vormittags zu Fuß in dem Ort unterwegs. Eine geraume Zeit lang folgte mir ein Polizeiauto. Plötzlich hielt es an, zwei Beamte stiegen aus und riefen: „Halt, stehen bleiben! Sie sind verhaftet!"

Da ich sicher war, dass die Herren unmöglich mich meinen konnten, ging ich unbeirrt weiter. Sie zogen ihre Waffen und schrien erneut: „Sofort stehen bleiben! Sie sind verhaftet!"

Ich drehte mich um, und der ältere von beiden pfiff mich an: „Jawohl, Sie sind gemeint. Sie! Sie werden als Wohnungseinbrecher gesucht."

Ich war platt. „Was ist denn das für eine Begrüßung hier!? Ich ein Einbrecher! So ein Quatsch! Ich war gestern Morgen noch in Brasilien."

„Nein! Die Täterbeschreibung passt genau auf Sie. Sie haben sich unter dem Vorwand, ein Türschloss auswechseln zu wollen, Zugang zu einer Wohnung verschafft. So wie Sie es immer machen."

Ich legte los mit einer Schimpfkanonade. „Eine böswillige Unterstellung. Eine Unverschämtheit!" Gewiss war ich in meiner Wortwahl nicht zimperlich, und der ältere Beamte schnauzte mich an, ja nicht frech zu werden und verlangte energisch meine Papiere. Als er mir dann noch unterstellte, mein deutscher Reisepass wäre wegen einer eingeklebten Verlängerung durch das deutsche Konsulat in Sao Paulo gefälscht, konnte ich wirklich nicht mehr an mich halten und erklärte den Polizisten, dass seien Zustände wie unter den Militärs in Chile. Jedenfalls stritten wir heftig, bis der jüngere endlich auf die Idee kam, bei der Polizeizentrale meine Identität zu überprüfen. Als die beiden einsahen, dass sie den Falschen erwischt hatten, entschuldigten sie sich vielmals und der Ältere meinte, in Brasilien hätte ich doch mit Sicherheit auch manchmal Probleme mit der Polizei.

„Nein", erwiderte ich, „dort wollte mich noch nie jemand als Verbrecher festnehmen." Später erfuhr ich von meinem Onkel, dass der ältere Polizist als Tausendprozentiger bekannt war, der sogar seine eigene Frau schon wegen Falschparkens angezeigt hatte. Wenn ich die Geschichte von dem überkorrekten Beamten in Brasilien erzähle, liegen die Leute vor Lachen unter dem Tisch.

Ohne Perspektive

Mit etwa dreißig Mordopfern pro Monat ist die Hauptstadt Mato Grossos jedoch nicht repräsentativ für das ansonsten friedliche Bundesland. Man muss sich natürlich fragen, warum gerade in Cuiabá derart viele Gewalttaten verübt werden. Ein wesentlicher Grund für die hohe Verbrechensrate ist die grassierende Landflucht. Achtzig Prozent der 2,8 Millionen Einwohner des Flächenstaates Mato Grosso leben in den Städten, ein Drittel davon allein in Cuiabá und der Nachbarstadt Varzea Grande. Die fehlende Infrastruktur um die entlegenen Buschsiedlungen, die schlechten Verdienstmöglichkeiten der Bauern, die ihre Produkte wegen der langen Transportwege oft nicht verkaufen können, und die mangelnden Bildungschancen für die Kinder locken immer mehr Familien in die Hauptstadt. Das hat zu einem völlig unkontrollierten Wachstum der Bairros in den Randzonen geführt, wo die Menschen Land besetzen und in Bretterhütten unter Plastikplanen ohne Wasser und Strom leben. Rund 100.000 Menschen hausen unter solch extremen Bedingungen, ohne Arbeit, ohne Perspektive, ohne Zukunft.

Diese Viertel sind die Brutstätten des Verbrechens. Hier blüht die Banden- und Drogenkriminalität, gerade unter den Jugendlichen, die zur Untätigkeit verurteilt sind, die Zeit totschlagen und von einem Leben im bürgerlichen Stadtzentrum träumen. Hier sehen sie eine Welt, die ihnen verschlossen bleibt, die Häuser der Reichen, die Auslagen in den Kaufhäusern, die neuen Autos. Die Hemmschwelle, sich Geld zu beschaffen, egal wie, ist niedrig. Also überfallen sie Geschäfte, rauben Stadtbusse aus, klauen Autos und inszenieren Blitzentführungen, vor allem, um ihren steigenden Drogenkonsum zu finanzieren.

Neben der Armut ist das Rauschgift der zweite Grund für die hohe Verbrechensrate in Cuiabá. Während die Verhältnisse im Landesinneren ruhig und gewaltfrei sind, hat die Hauptstadt das geografische Pech der Grenznähe zu Bolivien. Die Rauschgiftszene Lateinamerikas hat sich in den Mato Grosso verlagert, und Cuiabá liegt an der zentralen Route für den Transport und Umschlag von Marihuana und Kokain. Daher nehmen Entführungen, Überfälle und Bandenkriege um die Verteilung der Territorien immer mehr zu. Sechzig Prozent der Mordopfer sind Jugendliche, die in das Geschäft mit dem Rauschgift verwickelt sind.

Viele sind der Ansicht, eine qualifiziertere Ausbildung und höhere Gehälter der Polizei könnten die Lage verbessern. Ein Polizist ist mit seinem kleinen Gehalt oft gezwungen, in den Armenvierteln zu leben, häufig in Nachbarschaft mit den Ganoven. Hinzu kommt, dass die Polizei schlecht ausgerüstet ist und die Gefängnisse hoffnungslos überbelegt sind. In Zellen für zwanzig sitzen oft sechzig Häftlinge. Dass Polizei und Justiz einflussreiche Kriminelle nicht oder nur halbherzig zur Rechenschaft ziehen, ärgert die Brasilianer. Nicht selten kaufen sich Schwerverbrecher und Drogenhändler für teures Geld frei. Aufsehen erregte 2005 ein Fall, der immer wieder im Fernsehen gezeigt wurde. Ein Richter besuchte einen Supermarkt, wo es zu einem Wortgefecht mit einem Wächter kam. Vor laufender Kamera zog der Jurist seine Pistole und erschoss den Angestellten. Die Strafe: Der Richter verlor lediglich seinen Job. Er lebt als freier Mann und erhält eine hohe Pension. Gleichzeitig mit dieser Geschichte rollte der TV-Bericht den Fall einer Frau auf, die wegen des Diebstahls einer Konservendose seit sechs Jahren in Haft sitzt. In Brasilien pflegt man zu sagen: Mit Krawatte kommt man nicht in den Knast, da muss man schon ein Huhn stehlen.

Die Armut in Brasilien ist auch eine Folge der Landverteilung. Während zwanzig Prozent der Bevölkerung neunzig Prozent des Bodens besitzen, verfügt knapp die Hälfte der Bevölkerung nur über ein Prozent des Landes. Man schätzt die Zahl der landlosen Bauernfamilien auf rund 4,5 Millionen. Gigantische Flächen liegen brach, obwohl die Umverteilung des Bodens an Landlose seit 1988 in der brasilianischen Verfassung verankert ist. Auf organisierte Landbesetzungen, etwa der Bewegung MST, Movimento dos Trabalhadores Rurais Sem Terra, reagierten die Großgrundbesitzer häufig mit angeheuerten Pistoleiros, um die Besetzer zu verjagen. Seit dem Ende der Militärdiktatur hat die katholische Comissão Pastoral da Terra in den Jahren 1985 bis 2005 in Landkonflikten 1.352 ermordete „Semterras“ gezählt. Dass manche Großgrundbesitzer zur Wahrung ihrer Interessen noch immer über Leichen gehen, demonstriert der brutale Auftragsmord an der amerikanischen Ordensschwester Dorothy Stang 2005. Die Spannungen zwischen militanten Vertretern der Landlosen und der brasilianischen Regierung eskalierten im Juni 2006, als fünfhundert Anhänger der linksradikalen MLST, der „Bewegung zur Befreiung der Landlosen“, den Kongress stürmten, mit Steinen und Stöcken die Fensterscheiben zerschlugen und in den Plenarsaal vordrangen, um gegen die schleppende Zuteilung von Boden im Zuge der versprochenen Agrarreform zu protestieren. Es kam zu schweren Ausschreitungen mit der Polizei, bei der etwa vierhundert Demonstranten festgenommen wurden. Ob solche meistens von Funktionären initiierten Aktionen den berechtigten Anliegen der landlosen Bauernfamilien nutzen, ist zu bezweifeln.

Während die Vorfälle im Parlament und die Fußballweltmeisterschaft in Deutschland die brasilianischen Medien in Atem hielten, machte ich mich frühmorgens mit der Medizinisch-Technischen Assistentin Rosineida und der Krankenschwester Francina auf den Weg nach Sadia II. Das brasilianische Militär hatte uns in Caceres einen Fahrer und einen Armeejeep zur Verfügung gestellt, um in das zwei Autostunden entfernte Camp ehemaliger Landloser zu gelangen, wo seit Wochen über Rundfunk eine unserer Gesundheitskampagnen angekündigt war. Der Ort verdankt seinen merkwürdigen Namen dem Fleischkonzern Sadia, dem das Land früher einmal gehörte. Zehn Jahre zuvor hatten Landlose das brachliegende Terrain besetzt. Vierhundert Familien, alles in allem 2000 Menschen, hatten sich hier angesiedelt und monatelang provisorisch unter Plastikplanen gelebt, bis die Regierung von Mato Grosso im Zuge einer Landreform das Gebiet enteignete und dem Unternehmen Sadia eine Entschädigung zahlte. Die Regierung ließ Sadia II an das öffentliche Stromnetz anschließen, baute eine Schule und zahlte jeder Familie eine Starthilfe sowie einen Sonderkredit von rund 1500 Euro aus, mit dem die Semterras Saatgut und Rinder kaufen konnten. Jede Familie bekam fünfundzwanzig Hektar zugesprochen, für brasilianische Verhältnisse ein mickriges Stück Land, wenn man bedenkt, dass man pro Rind etwa einen Hektar Weide benötigt. Damit eine Familie gut von der Rinderzucht leben kann, so besagt eine Faustregel, braucht man im Mato Grosso etwa 1000 Hektar Land.

Schon auf dem Weg nach Sadia II wurde mir klar, wie beschwerlich das Leben der Leute in der Streusiedlung sein würde, die am Ende der Welt liegt. Mitten in der Trockenperiode, die von Mai bis September dauert, war das Land verdorrt. Statt saftiger grüner Weiden nur braunes vertrocknetes Gras. Das bedeutet für die kleinen Rinderfarmer, dass sie auch Landbau betreiben müssen, soll ihr Vieh nicht verhungern. Mit Zuckerrohr, Soja und gehäckseltem Schilfgras müssen die Rinder zugefüttert werden. Da bleibt unterm Strich nichts übrig. In der Regenzeit indes gibt es wieder eine andere Schwierigkeit. Wo sich der Geländewagen jetzt durch sandige Spurrillen kämpfte, würden die Tropengewitter die Buschpiste in einen unpassierbaren Morast verwandeln. Das hieß, ohne einen großen Lastwagen kam niemand nach Sadia II hinein und niemand kam heraus. Wie sollten die Bauern da mit ihren Produkten die weit entfernten Märkte der Städte erreichen?

Der Bauer Joao Alves Lima gehörte zu den Landbesetzern der ersten Stunde, die sich 1997 hier ansiedelten. Nun sind von den ursprünglich vierhundert Siedlerfamilien gerade noch zehn Prozent übrig geblieben. „Nur die Idealisten harren aus", erklärte Joao, „die anderen haben ihr Land wieder verkauft." Es ist in der Tat ein doppeltes Problem. Zum einen sind die Landparzellen oft zu klein, um rentabel zu wirtschaften, zum anderen haben sich in der Landlosenbewegung Spekulanten eingenistet, die nicht auf die Kultivierung des Landes aus sind, sondern auf lukrative Geschäfte. Sobald ihnen ein Stück Boden gehört, verscherbeln sie es mit Gewinn und ziehen weiter zur nächsten Landbesetzung. Diese Leute diskreditieren die Bewegung und lassen die Ärmsten zurück.

Die meisten Patienten aus Sadia II, darunter viele Mütter mit Kindern, waren schon in den frühen Morgenstunden zu ihrem Gesundheitsposten aufgebrochen und hatten stundenlange Fußmärsche in Kauf genommen. Als wir ankamen, warteten bereits über einhundert Menschen draußen vor den Behandlungszimmern. Selbstverständlich waren die Untersuchungen nicht als Anti-Lepra-Maßnahme angekündigt, sondern als Kampagne gegen Hautkrankheiten. Frühere Erfahrungen hatten gezeigt, dass es sinnvoll war, alle möglichen

Medikamente mitzubringen. Wir wussten: jeder Patient, den wir ohne Hilfe zurückschicken, wird sich bei der nächsten Kampagne erst gar nicht mehr auf den beschwerlichen Weg machen. Also waren wir ausgerüstet mit Schmerzmitteln, Salben gegen Pilzerkrankungen und Allergien, Arzneien gegen Flöhe, Krätze und Wurmbefall. Als besonders schlimme Hauterkrankung gilt die Leishmaniose, die so üble Wundgeschwüre hervorruft, dass sie manchmal mit Lepra verwechselt wird. Und auch die Krankheit Pemphigus vulgaris, die Blasensucht. Wen sie befällt, dessen Haut löst sich auf. Der Körper ist dann von aufplatzenden Blasen übersät, und die Leidtragenden, die einen fürchterlichen Gestank verströmen, sind oft bösartig entstellt. Auch Hautkrebs tritt bei den Bauern recht häufig auf. Kein Wunder, da die Landarbeiter auf ihren Feldern von morgens bis abends nahezu ungeschützt einer extremen Sonneneinstrahlung ausgesetzt sind.

Als der Bauer Joao Alves Lima mit seiner Untersuchung an der Reihe war, sagte er: „Gut dass ihr kommt. Ich mache mir allmählich Sorgen. Diese Knoten hier, die sind doch nicht normal."

Während Joao sein Hemd auszog, erzählte er, er sei gekommen, weil er schon einmal von dieser Krankheit Hanseniase gehört hatte und ihm schon vor einem Jahr ein merkwürdiger heller Hautfleck an seinem Arm aufgefallen sei. Als mein Blick auf Joaos Rücken fiel, sahen die MTA Rosineida, Schwester Francina und ich sofort, dass wir den Patienten sofort in das Leprazentrum nach Caceres schicken mussten. Joaos Rücken war von roten Beulen übersät. Sie zeugten davon, dass der Landarbeiter nicht etwa über ein schwaches, sondern über ein starkes Immunsystem verfügte. Die Beulen waren die Folge eines Kampfes in seinem Körper, eine heftige Abwehrreaktion auf eine hochgradig aggressive Leprainfektion.

Ich musste Joao Alves Lima darauf hinweisen, dass harte Zeiten auf ihn zukommen würden. Wegen der Medikamententherapie standen ihm Schmerzen bevor, Nervenentzündungen an Armen, und Beinen und auch an den Augen. Ihm drohten Fallfuß und Krallenhand, denn die Bakterien würden heftig auf die Antibiotika reagieren. Doch zu der zwölfmonatigen Medikamententherapie gab es keine Alternative. Würde Joao keine Medikamente einnehmen, würde ihn die Lepra in kurzer Zeit völlig verstümmeln.

Als ihm Francina sagte: „Wir müssen auch deine Frau und deine Kinder untersuchen und kontrollieren, ob sie sich infiziert haben", reagierte Joao sehr gelassen und versprach, zur weiteren Behandlung in das Leprazentrum nach Caceres zu fahren. Als er sich wieder ankleidete, wirkte er gefasst, dann schaute er mich an und fragte sorgenvoll:

„Darf ich denn noch Schweinefleisch essen?"

Mir verschlug es fast die Sprache, doch es stellte sich heraus, dass ein privater Arzt ihn dringend vor dem Verzehr von Schweinefleisch und Eiern gewarnt hatte, ausgerechnet jene Produkte, die die Bauern selber produzierten und die sie sich leisten konnten.

„Du kannst essen, was du willst", erklärte ich Joao. Er strahlte vor Glück. Was den Arzt zu diesem dummen Ratschlag bewogen hat, weiß ich nicht. Doch es kursieren allerlei seltsame Ratschläge, welche Speisen bei Lepra unbedingt zu meiden sind. Immer wieder glauben Leute, dass sie dann auf keinen Fall Zitrusfrüchte und Orangen verzehren dürfen. Es ist idiotisch, ausgerechnet auf das lebenswichtige Vitamin C zu verzichten, doch es gibt eine Erklärung für diesen Aberglauben, der noch aus der Zeit der Sklaverei stammt. Die Besitzer der Orangenplantagen sollen ihren Arbeitern erklärt haben, Orangen und Zitronen seien gesundheitsschädlich, um so den Diebstahl von Früchten zu unterbinden. Ob diese Theorie stimmt: keine Ahnung! Jedenfalls hat mir bislang niemand eine plausiblere Erklärung geliefert.

Wie die Familie von Joao Alves Lima waren auch die anderen Familien aus Sadia II sehr arm, aber man kann nicht sagen, dass sie schlecht ernährt waren oder gar hungerten. Alles, was sie zum Leben brauchten, gaben ihre kleinen Farmen her. Fleisch, Mais, Maniok, Reis, Milch und alle erdenklichen Früchte. Das Problem dieser Familien war ein anderes. Sie hatten zwar zu essen, aber sie hatten kein Geld. Alles, was sie anbauten, ließ sich aufgrund der Transportwege nicht verkaufen. Und einen Lastwagen, mit dem sie ihre Produkte zu den Märkten hätten karren können, konnte sich das Dorf nicht leisten. Wer jedoch kein oder nur wenig Geld besitzt, spart an elementaren Dingen, an Seife etwa, an Hygieneartikeln oder an sauber aufbereitetem Wasser.

Die Folgen der Armut und des Mangels an Hygiene sind verheerend. Als Moacir Marquez sich in das Untersuchungszimmer schleppte, mussten wir erst einmal schlucken. Sein linker Fuß und Unterschenkel waren durch ein klumpiges dunkles Geschwür auf die doppelte Größe angeschwollen. Auslöser dieser schweren Wundinfektion war ein harmloser Mückenstich, der sich entzündet hatte. Intensive Pflege, baden, desinfizieren, verbinden, Ruhe und nochmals Ruhe wären für Moacir angebracht gewesen. Ein utopischer Gedanke in der Siedlung Sadia II! Stattdessen quälte sich Moacir mit seinem Bein tagtäglich auf sein Feld und setzte seine Wunden dem Staub der Erde aus. Er hätte schon ein Jahr zuvor zu einem Arzt gemusst, nun drohte nicht nur eine schwere Blutvergiftung, sondern auch die Amputation des Unterschenkels. Als wir die Siedlung der Landarbeiter verließen, war nicht klar, ob sich dieser schwerwiegende Eingriff vermeiden lassen würde. Wir überwiesen Moacir Marquez in das Dermatologische Zentrum nach Rondonopolis, und ich hoffe sehr, dass man sein Bein dort noch retten konnte. Doch das Dilemma der Armut bleibt. Es würde Monate dauern, bis Moacir wieder gesund war. Doch wer kümmerte sich in der Zeit um die Felder seiner Familie?

Ein Ärgernis

Auch Francisco da Silva ist Bauer. Ein Blick in seine Krankenakte verrät, dass der 60-Jährige bereits am 8. Oktober 2003 seine Behandlung als Leprapatient beendet hat und als geheilt entlassen wurde. Eine Erfolgsgeschichte, möchte man meinen. Aber nur für die Statistiker und nicht für Francisco da Silva. Drei Jahre nach dem Abschluss seiner Therapie begegnete ich Francisco in der Lepraabteilung des Hospitals „Bom Samaritano" in der Stadt Caceres. Francisco war wirklich übel dran. Um Hilfe zu finden, hatte er sich morgens um vier in einen Omnibus gesetzt und war fünf Stunden unterwegs gewesen. Er stammte aus dem Pantanal, wo er Reis und Maniokwurzeln anbaute und außer einigen Hühnern und Rindern ein kleines Stück Land besaß, das ihn mit seiner Frau und seinen acht Kindern mehr schlecht als recht ernährte. Er war ein freundlicher Mann, der nicht jammerte und klagte und mit wenig zufrieden war.

„Früher ging es mir schlecht", sagte er, „da habe ich auf einer großen Fazenda gearbeitet. Nur für Reis und Bohnen. Heute ist das Leben gut. Wäre nur nicht diese Krankheit. Sie macht mir Schwierigkeiten. Ich möchte gern arbeiten, aber ich kann nicht."

Ich reichte Francisco einen leeren Briefumschlag und bat ihn, das Papier mit dem Daumen und dem Ringfinger der rechten Hand zu greifen. Er schaffte es nicht. Der Umschlag fiel zu Boden. Die Nerven in seinem Ellenbogen waren zerstört und die Muskulatur seiner Hand derart geschwächt, dass er nichts festhalten konnte. Damit war seine Existenz als Landarbeiter ruiniert. Wie sollte er mit dieser Hand zu Hacke und Spaten greifen? Und nun waren auch noch die Nervenstränge in seinen Beinen angegriffen. Ein Fuß war bereits völlig taub. Wie kann das sein? Bei einem Patienten der längst geheilt ist! Der eine zwölfmonatige so genannte Multidrug-Therapie hinter sich hat? Der keine Leprabazillen in sich trägt und niemanden mehr infizieren kann?

Allein in Mato Grosso zählen wir etwa 2500 Patienten, die Franciscos Schicksal teilen. Weltweit dürften es zwischen zwei und drei Millionen sein. Ihnen ist gemeinsam, dass sie nicht auf lebende Leprabakterien reagieren, sondern auf tote. Laienhaft gesagt geschieht folgendes: Während der monatelangen Medikamententherapie vernichten Antibiotika zwar die aktiven Leprabazillen, doch beim Abstoßen der abgestorbenen Bakterienreste antwortet der Körper mit massiven Abwehrattacken. Die Symptome sind ähnlich wie die der Lepra selbst. Oft sogar heftiger, und sie werden häufig verwechselt. Rote entstellende Hautknoten, schwere Fieberschübe, drohende Wundgeschwüre und extrem starke Nervenschmerzen kommen auch auf Francisco zu. Ärgerlich ist nur: Francisco da Silva ist nach den Kriterien der Weltgesundheitsorganisation WHO geheilt. Er taucht folglich in keiner Krankenstatistik mehr auf. Selbstverständlich werden wir ihm helfen und auch die Kosten der Behandlung übernehmen: für chirurgische Eingriffe zur Wiederherstellung der Beweglichkeit der Hände, für die physiotherapeutische und krankengymnastische Betreuung, für orthopädische Schuhe. Nebenbei bemerkt: Die Behandlungskosten der Folgeschäden bei den statistisch „geheilten“ Leprapatienten sind hundertmal höher als bei Patienten, deren Infektion früh erkannt und mit Tabletten kuriert wird!

Bürgermeister Bangebange

Zur Förderung der Lepraarbeit stand 1995 eine Supervisionsreise in Mato Grosso an. Unser erstes Ziel lag im Nordosten in Porto Alegre do Norte. Mit den beiden Krankenschwestern Lurdinha und Marilda und der staatlichen Leprakoordinatorin machten wir uns auf die anstrengende 1200-Kilometer-Tour, für die mindestens zwei Tage zu veranschlagen waren, weil wir meinen Jeep immer wieder über Brücken manövrieren mussten, die lediglich aus einigen maroden Holzbalken bestanden. Die kleine Urwaldstadt Porto Alegre do Norte, nicht zu verwechseln mit der gleichnamigen Großstadt in Rio Grande do Sul, wurde zu dieser Zeit von einem korrupten Bürgermeister regiert, dessen kurioser Name ebenso berühmt wie berüchtigt war. Er hieß Louis Bangebange, galt als sehr brutal und hatte die Wahl zum Stadtoberhaupt deshalb gewonnen, weil er angeblich seine Kontrahenten aus dem Weg räumen und umbringen ließ.

In der Stadt gab es täglich nur für wenige Stunden Strom, das einzige Hotel war eine heruntergekommene Bruchbude, in der man nachts vor Hitze und Moskitos nicht schlafen konnte. In der Absteige war auch eine Gruppe aus Rio de Janeiro untergekommen, ein Großgrundbesitzer mit sechs stämmigen Leibwächtern. Beim Frühstückskaffee sprach er mich an, von welcher Firma ich sei. Ich erzählte ihm von unserem Lepraprojekt und fragte meinerseits, was ihn in die Gegend treibe. Der Mann erzählte, er wolle Land kaufen. Er wartete auf ein Kleinflugzeug, um das riesige Grundstück abzufliegen und um zu kontrollieren, ob sich eventuell Landlose dort niedergelassen hatten.

Ich wollte natürlich wissen, ob er das Land auch kaufen würde, wenn es bereits von Leuten besetzt war. Seine Antwort traf mich wie ein Hammer. Er sagte freimütig:

„Dafür habe ich eine einfache Lösung. Schau dir diese sechs Männer hier an. Das sind alles Berufskiller. Die lösen solche Probleme."

Ich war genauso geschockt wie meine drei Begleiterinnen, und uns fiel nichts mehr ein, über das wir mit diesem Kerl noch hätten reden sollen. Ein weiterer Hotelgast war ebenfalls Auftragsmörder. Der junge Bursche wurde treffenderweise Django gerufen und saß mit seinem 38er Revolver am Nachbartisch. Er sorgte für einen halbwegs erträglichen Hotelaufenthalt, weil er auch eine nette Seite hatte. Abends griff er zu seiner Gitarre und spielte ganz wunderbar.

In Porto Alegre do Norte hatten wir ein Lepraprogramm auf die Beine gestellt und wollten eine Schusterwerkstatt für orthopädische Schuhe aufbauen. Daher ließ es sich nicht vermeiden, auch den verrufenen Louis Bangebange zu treffen. Er empfing uns sehr zuvorkommend und stellte uns den Leiter des städtischen Gesundheitswesens zur Seite. Nach drei Tagen hatten wir die Schuhmacherei organisiert. Alle erforderlichen Gerätschaften hatten wir aus Cuiabá mitgebracht, Schleifmaschine, Hämmer, Scheren, Messer, Leim, Leder und Schuhsohlen. Da diese Sachen einigen Wert hatten, sagte ich unserem Begleiter: „Wenn mit den Geräten nicht ordentlich gearbeitet wird und die Werkstatt nicht funktioniert, nehme ich die Sachen im kommenden Jahr wieder mit zurück."

Der Mann blickte mich an: „Merk dir eines. Du machst gar nichts. Wer hier den Ton angibt, ist der Bürgermeister. Du hast hier nichts zu melden."

Nach dem, was ich von Bangebange wusste, schien es mir ratsam, mich nicht auf ein Machtspiel mit seinen Leuten einzulassen. Kurioserweise wollte uns der Bürgermeister nach getaner Arbeit nicht zurückfahren lassen, weil er meinte, unbedingt noch ein Fest für uns geben zu müssen. Der Grund für diese Einladung war jedoch nicht selbstlos. Wir hatten gehört, dass Bangebange mehrere Frauen hatte und Müttern Geld gab, wenn sie ihm ihre Töchter überließen. Nun war er ganz offensichtlich scharf auf Lurdinha und Marilda. Die beiden Krankenschwestern hatten den Braten natürlich gerochen und baten mich inständig: „Nichts wie weg hier." Erst als ich mit einer Notlüge hohe Regierungskreise ins Spiel brachte und erzählte, auf unserem Terminplan stünde auch ein Treffen mit Vertretern des Gesundheitsministeriums, ließ Louis Bangebange uns endlich ziehen. Dass wir vom Regen in die Traufe geraten würden, ahnten wir nicht.

Zwischen den Fronten

Die nächsten einhundert Kilometer führten über eine sehr schlechte Erdpiste quer durch hohen Tropenwald, bis wir nach einem halben Tag an der Grenze zum Bundesstaat Pará den Ort Vila Rica erreichten, ein verarmtes Urwaldnest mit 3000 Einwohnern, dass sich „reiche Villa" nannte. Als wir in der glühenden Mittagshitze in das Ortszentrum fuhren, brach gerade eine mächtige Schießerei los. Drei Banditen, die versucht hatten, die lokale Bank zu überfallen, waren überrascht worden und lieferten sich nun mit fünf Polizisten ein heftiges

Gefecht. Nach einer Viertelstunde lagen zwei erschossene Polizisten im Staub. Die Gangster nahmen einen unbeteiligten Autofahrer als Geisel und flohen mit dessen Wagen. Ganz Vila Rica war in hellem Aufruhr. Wir suchten zunächst unser Hotel auf, beschlossen aber zurückzufahren, da in dieser Situation an Lepraarbeit nicht zu denken war. Dann kam ein Anruf. Mitarbeiter des Gesundheitsdienstes aus Porto Alegre teilten uns mit, die einzige Strecke für unseren Rückweg sei unpassierbar, weil Landlose die Straße besetzt hätten. Die Blockade würde wohl mehrere Wochen dauern. Sollten wir dennoch versuchen durchzukommen, so wurde ich gewarnt, bestünde für mich als Deutschen die Gefahr, dass man mich kidnappen würde. Zugleich war die Regierung informiert worden und der Gesundheitsminister von Mato Grosso rief mich an:

„Ich bin sehr besorgt. Fahr auf gar keinen Fall mit dem Wagen, die nehmen dich sonst als Geisel. Lass dein Auto stehen. Wir schicken ein Flugzeug und holen euch nach Cuiabá zurück."

Wir überlegten gemeinsam, wie wir uns verhalten sollten. Das Auto in einer wilden Urwaldstadt zurück zu lassen, das hieß, die DAHW hätte meinen Dienstwagen, einen neuen Chevrolet-Pickup, in den Wind schreiben können. Der Geländewagen wäre mit hundertprozentiger Sicherheit gestohlen worden. Als einzige Möglichkeit, mit dem Wagen in das 1400 Kilometer entfernte Cuiabá zurückzukehren, blieb eine Urwaldpiste durch den Bundesstaat Pará. Ein riesiger, tagelanger Umweg. Und schlimmer noch: Auf dieser einsamen, kaum befahrenen Strecke waren die Bankräuber und Polizistenmörder aus Vila Rica unterwegs.

Nach einer ernsten Diskussion entschieden die Leprakoordinatorin, die Krankenschwestern und ich, das Wagnis auf uns zu nehmen und den Umweg zu fahren. Fünfzehn Minuten nachdem wir Vila Rica hinter uns gelassen hatten, das erfuhr ich später, tauchten die drei überlebenden Polizisten auf, um meinen Geländewagen zu beschlagnahmen. Es war das einzige brauchbare Auto in der Stadt, mit dem sie nun die Mörder ihrer Kollegen jagen wollten. Die Fahrt war eine Tortur. Es regnete Bindfäden. Die Erdstraße verwandelte sich in schlammigen Morast. Um nicht im Matsch stecken zu bleiben und womöglich den Banditen in die Hände zu fallen, fuhr ich mit hoher Geschwindigkeit. Der Wagen schlingerte von einer Seite auf die andere, und ich musste mit aller Kraft gegensteuern, um nicht im Graben zu landen. Im Auto herrschte eisiges Schweigen.

Abends erreichten wir endlich einen Flussübergang, an dem eine Autofähre festgemacht hatte, die in den Bundesstaat Tocantins übersetzte. Wir waren nicht mehr allein. In einer Palmhütte warteten bereits einige Passagiere neben ihren PKWs sowie ein paar Lastwagenfahrer. Wir hatten es geschafft und waren erleichtert, dass die Polizistenmörder uns nicht entdeckt hatten. Plötzlich brauste von irgendwoher ein Polizeiauto an. Vier Polizisten mit Maschinengewehren und Handgranaten sprangen heraus. Sie waren sehr nervös. Die gesuchten Verbrecher hockten nur fünfhundert Meter weiter im Busch und hatten zuvor bei einer erneuten Schießerei zwei weitere Polizisten ermordet. Nun wollten sie mit der Fähre entkommen.

Um die Flucht der Verbrecher zu verhindern, bezogen die vier Polizisten Position, gaben uns Feuerschutz und forderten uns auf, alle Autos und Lastwagen sofort auf die Fähre zu schaffen, damit der Fährmann ablegen konnte. Bei den Passagieren brach der Angstschweiß aus, als die Fähre zwar losfuhr, aber wegen Überladung im Sand stecken blieb. Und das in Ufernähe. Die Gangster hätten uns locker noch erreichen können. Der Kapitän befahl, die Motoren aller Kraftwagen anzulassen und alle zugleich ruckartig vor und zurück zu fahren. Der Trick funktionierte, und die Fähre schaukelte sich frei. Je näher das gegenüberliegende Ufer kam, umso erleichterter fühlten wir uns.

Am nächsten Tag riefen wir im Gesundheitsministerium an, wo man sich große Sorgen um uns gemacht hatte, weil seit Tagen jeglicher Funkkontakt abgebrochen war. Durch Tocantins und den Bundesstaat Goias gelangten wir schließlich nach Mato Grosso und zurück nach Cuiabá. Ein Umweg von 2500 Kilometern.

Angst aus dem Nichts

Alle Situationen, in denen ich mich gefürchtet habe, haben etwas gemeinsam. Ich wusste immer, wer oder was diese Furcht ausgelöst hat. Einmal allerdings hatte ich eine Angst, von der ich nicht wusste, woher sie kam. Seit dieser Erfahrung mache ich eine Unterscheidung. Es gibt Menschen, die durch ihre Lebensumstände in die Kriminalität abrutschen genauso wie skrupellose Verbrecher ohne jedes Gewissen. Der ein oder andere mag es vielleicht belächeln, aber ich unterscheide zwischen Taten, die böse sind, und dem Bösen selbst. Das klingt etwas altmodisch, doch für mich ist das Böse kein bloßer Begriff, sondern eine real existierende Macht. Diese Macht am eigenen Leib zu spüren, war das unheimlichste Erlebnis, das mir in meinem Leben zustieß.

1993 fand eine Dienstbesprechung mit italienischen Ordensfrauen statt, die in Rosario Oeste für die Lepraarbeit verantwortlich waren. Gegen neun Uhr abends waren wir mit unseren Gesprächen fertig, und die Nonnen gaben mir den Schlüssel zum Pfarrhaus, das zu der Zeit leer stand und wo ich übernachten wollte. Es war stockdunkel und ein mächtiger Tropenregen stürzte vom Himmel, als ich in mein Auto stieg und losfuhr. Nach nur fünfzig Metern stand plötzlich ein Mann im Regen und gab mir ein Zeichen anzuhalten. Der Mann war klein, eher schmächtig und trug zerrissene Kleider. Er war völlig durchnässt und machte einen verwahrlosten Eindruck. Aufgrund vieler schlechter Erfahrungen hielt ich in der Dunkelheit nie an, doch in diesem Fall machte ich eine Ausnahme. Ich kurbelte die Scheibe herunter und dachte, dieser regentriefende Mensch würde mich um etwas bitten. So wie es die Leute normalerweise tun, wenn sie Hilfe brauchen, nach etwas Geld fragen oder einfach nur mitgenommen werden wollen. Dieser Mann jedoch tat nichts dergleichen. Stattdessen stellte er sonderbare Fragen.

„Wer bist du?

Woher kommst du?

Was hast du bei den Nonnen gemacht?

Bist du Priester?“

Ich wurde sauer. Was sollten diese dämlichen Fragen! Nachts, in der Dunkelheit, im strömenden Regen!

Dann plötzlich änderte der Mann seine Stimme. Sie klang fremd, wurde tiefer, bedrohlicher. Er sagte:

„Bleib du auf deiner Seite.

Komm mir nicht in die Quere.

Denn meine Seite ist gut.“

„Dieser blöde Hund!“, dachte ich zornig. „Was will dieser Kerl? Hat er nichts Besseres zu tun als mir zu drohen.“ Ich war so sauer, dass ich am liebsten ausgestiegen wäre, um ihm eine zu langen. „Meine Seite, deine Seite!“ Was sollte dieses dämliche Gequatsche? Zu so einer Unzeit, bei so einem Sauwetter, bei dem man keinen Hund vor die Tür jagt. Ich drehte die Scheibe wieder hoch und brauste los in das Pfarrhaus.

Es war ein großes Haus mit dicken Mauern und düsteren Gängen. Von den Franziskanern, die hier normalerweise wohnten, war niemand anwesend. Ich ging in mein Zimmer und schloss mich ein, als mit einem Mal eine entsetzliche Angst über mich hereinbrach. Niemals zuvor und auch nie wieder danach habe ich eine derartige Angst verspürt.

Was sollte das? Diese komischen Fragen? Sie ergaben keinen Sinn. Ich hatte Angst, dass plötzlich jemand in meinem Zimmer steht. Jemand Böses. Ich ließ das Licht brennen, doch ich fand keinen Schlaf. Völlig aufgewühlt wartete ich auf das Ende der Nacht, jedes kleine Geräusch ließ mich aufschrecken. Etwas Bedrohliches lag in der Luft, etwas Dunkles, und das Schlimmste war, ich fand für meine Angst keine Erklärung.

Am nächsten Morgen fuhr ich zurück zu den Ordensfrauen und erzählte ihnen von der unheimlichen Begegnung. Ich beschrieb ihnen den Mann genau, doch keine der Schwestern hatte ihn je zuvor gesehen. Obwohl in Rosario Oeste jeder jeden kannte, war dieser Mann vollkommen unbekannt. In dieser Situation brauchte ich den Rat und die Hilfe von guten Menschen, und ich wusste, der einzige, der mir würde helfen können, war mein Freund Nazareno. Ich rief ihn an, erzählte ihm alles und vor allem sprach ich über die wahnsinnige Angst, für die ich keinen plausiblen Grund fand.

Nazareno hörte sich die Geschichte an. Dann sagte er zu mir in seiner für ihn so typischen Art und Sprache:

„Der Teufel ist sauer auf dich. Wegen der Arbeit, die du machst. Du nimmst ihm Seelen weg. Da hat er seine Schocktruppe geschickt, um dir Angst einzujagen. Er will dir den Mut rauben. Aber lass dich nicht entmutigen. Vertrau deinem

Schutzengel und der Gottesmutter. Und dir wird nichts passieren."

Danach ging es mir besser. Für Nazareno gab es nicht nur böse Taten, sondern auch den Satan, das Böse schlechthin. Ich bin sicher, diese Macht hat mich berührt, nachts, als dieser unheimliche Mann auftauchte. Ich kann verstehen, wenn jemand Schwierigkeiten hat, meine Sicht zu teilen. Für viele Menschen in Deutschland ist die Macht des Bösen nur ein Hirngespinst. Wer von einer „Schocktruppe des Teufels" redet, ist womöglich ein Fall für den Psychiater. Aber ich kenne kluge brasilianische Psychologen, die sehen das anders. Sie wissen, dass Menschen mitunter keine ärztliche oder psychologische Hilfe brauchen, sondern den Beistand eines Priesters, eines Seelsorgers. Ein solcher Seelsorger war Nazareno. Erst durch ihn verstand ich diese wahnsinnige, diese namenlose Angst. Sie war um nichts vergleichbar mit der Furcht, die ich verspürte, als mich einst ein Auftragskiller bedrohte. Die Angst in der Nacht in Rosario Oeste war anders. Sie kam von einer verborgenen, unsichtbaren Macht, aus dem Nichts. Ich bin sicher, ohne Nazareno und ohne meinen Glauben wäre ich dieser Macht schutzlos ausgeliefert gewesen.

Das Glück des Anderen

Als Helfer hilflos

Ich war immer ein aktiver Mensch. Ein geregelter Acht-Stunden-Tag, das ist nichts für mich. Oft war ich zwölf, vierzehn oder mehr Stunden im Einsatz, unterwegs um Leprakranke zu finden und zu behandeln. Still zu stehen oder gar den Rückwärtsgang einzulegen kam nicht in Frage. Ich hielt es für selbstverständlich, dass ich zwar Kranken half, selbst aber gesund blieb. Ernsthaft krank zu werden, das war nicht vorgesehen.

Irgendwann jedoch forderten die eine Million Straßenkilometer, die ich im Busch zurücklegte, ihren Tribut. Die Wege in Mato Grosso sind nicht mit planen europäischen Asphaltstraßen vergleichbar. Tropische Hitze und feiner Staub machen einem ebenso zu schaffen wie Regen und Schlamm. Immer wieder mussten wir uns mit Macheten Schneisen durch den Busch schlagen und so manchen Urwaldfluss konnten wir nur überqueren, wenn wir zuvor ein paar Bäume fällten und eine Brücke bauten. Wie viel Kraft diese strapaziösen Touren kosteten, daran habe ich keinen Gedanken verschwendet, und wenn ich mit Tempo hundert in ein Schlagloch jagte, habe ich mich um die Achsen meines Jeeps gesorgt, nicht aber um meine Wirbelsäule.

Als mir immer häufiger Rückenschmerzen zu schaffen machten, nahm ich die Warnungen meines Körpers nicht ernst.

Im August 2001 besuchte ich eine Leprafamilie in der Nähe von Cuiabá. Als ich eine schwere Medikamentenkiste in ihre Hütte schleppte, spürte ich plötzlich einen mächtigen Schlag im Rücken, als durchzuckte mich ein Blitz aus heiterem Himmel. Der Schmerz wurde richtig bösartig und zog in das linke Bein bis in die Zehen. Nur mit großer Mühe quälte ich mich in den Jeep, biss die Zähne zusammen und fuhr die sechzig Kilometer zurück nach Cuiabá. Dort legte ich mich sofort ins Bett.

In der Stadt gab es einen Neurochirurgen, der mich in eine Röhre schob und eine magnetische Resonanzuntersuchung anstellte. Das Ergebnis war eindeutig: ein schwerer, so genannter „kontinentaler Bandscheibenvorfall" im Lendenwirbelbereich. Das hieß, ich musste sofort operiert werden. Da ein solcher Eingriff in Mato Grosso schon einigen Mut erfordert, zog ich einen zweiten Arzt zu Rate. Er war ein stadtbekannter Orthopäde und riet von einem operativen Eingriff ab, um die bei dem Vorfall eingeklemmten Nerven durch konservative Methoden wieder frei zu bekommen. Er verordnete mir totale Bettruhe und Medikamente, so dass ich mich nach zwei Wochen vorsichtig wieder in der Wohnung bewegen konnte. Dann traf mich der zweite Blitz, an derselben Stelle. Ich habe vor Schmerzen gebrüllt wie ein wild gewordener Stier, so dass Marisa sofort einen Notarzt anrief, der mich ins Krankenhaus brachte. Vier Wochen lag ich flach. Was sich als ein Fehler herausstellen sollte.

Als die DAHW von meiner Erkrankung erfuhr, war klar, man holt mich zur Operation nach Deutschland. Nur wie? Wie sollte ich die 14.000 Kilometer überwinden? Ich konnte ja noch nicht einmal stehen. Im Rollstuhl wurde ich zum Flughafen chauffiert und jeder, der mich kannte, stierte mich an: „Manfredo, was hast du gemacht? Was ist denn mit dir los?" Ich war unfähig, auch nur einen Schritt aus eigener

Kraft zu tun und vollkommen auf die Hilfe anderer angewiesen. Ein schreckliches Gefühl. Man trug mich ins Flugzeug und hob mich in den Sitz. In Sao Paulo lud man mich wieder aus dem Flieger aus und schob mich in die VIP-Lounge der Business-Class. Mein Begleiter verschwand, ich saß einsam in einer Ecke, allein in meinem Rollstuhl, durstig und unfähig, ein Glas Wasser zu kaufen. Um mich herum waren lauter gut gekleidete Menschen, Frauen in Kostümen, Geschäftsleute in feinem Zwirn. Sie lachten, tranken Whisky, und manchmal schielte jemand zu mir herüber. Doch keiner dieser wohlhabenden Leute sprach mich an und bot mir seine Hilfe an. Ich war traurig und verzweifelt. Mir war so zum Weinen zumute, dass ich nicht einmal den Mut aufbrachte, jemanden zu bitten, mir ein Mineralwasser zu besorgen. Nun wusste ich, wie sich Rollstuhlfahrer in solchen Situationen fühlen. Darüber hatte ich mir früher nie den Kopf zerbrochen. Ich dachte an meine Mutter, die nach einem schweren Schlaganfall schon zehn Jahre im Rollstuhl lebt und die Sprache verloren hat. Wie hält sie das aus? Immer ist sie guter Laune und trägt ihr Leiden mit mutiger Kraft. Ich fühlte mich mitschuldig an dieser erschreckenden Gleichgültigkeit, mir wurde schmerzlich bewusst, wie Menschen leiden, nicht nur wegen der körperlichen Behinderung, sondern aus Mangel an menschlicher Zuwendung. Wie gut hätte mir es getan, wenn mich in diesem VIP-Wartesaal jemand angesprochen hätte.

Alle Passagiere stiegen zum Flug nach Frankfurt ein und ich hockte noch immer allein in der Lounge. Ich war sicher, man hatte mich vergessen, als ganz zum Schluss mein Betreuer auftauchte. Mit einem Kranaufzug wurde ich in den Flieger gehievt und der Begleiter trug mich zu meinem Sitz in der Businessklasse. Und wieder diese Blicke. Während des ganzen Fluges sprach mich niemand an. Nicht einmal die Stewardess erkundigte sich, ob ich Hilfe brauchte, obwohl jeder sah, dass ich Probleme hatte. Nun ja, ich hätte klingeln können, doch vor Enttäuschung war mir die Lust vergangen, um Hilfe zu bitten. Während des Zwölf-Stunden-Fluges bekam ich keinen Bissen herunter, schluckte meine Schmerztabletten und trank fast nichts, denn dann hätte ich zur Toilette gemusst und fremde Hilfe benötigt. Dazu fehlte mir die Kraft.

In Frankfurt sah ich die endlosen Gänge des Flughafens mit anderen Augen. Nie hätte ich mir träumen lassen, sie aus der Perspektive des Rollstuhls zu sehen. Die Welt wird aus diesem Blickwinkel anders. Man nimmt viel intensiver wahr, wie geschäftig, wie gestresst die Menschen sind, nur mit sich selbst beschäftigt.

Aufstehen und gehen

Ein Arzt der DAHW, Andreas Kalk, und eine Projektkoordinatorin, Evelyn Jovanovic, holten mich ab und brachten mich in die Neurochirurgie der Universitätsklinik in Würzburg. Ich wartete auf einer Holzbank, als der behandelnde Arzt erschien und im Befehlston sagte:

„Kommen Sie mit!"

„Ja, wie denn!" Selbst Dr. Kalk sagte: „Der Mann braucht einen Rollstuhl."

„Nein, braucht er nicht", erwiderte der Chirurg und schaute mich an. „Sie gehen zu Fuß."

Ich dachte, ich höre nicht richtig. Ich konnte nicht laufen! Mir war wieder zum Heulen, wie dieser Arzt mit mir umging. Doch ich stand auf, und gestützt von meinen beiden DAHW-Begleitern humpelte ich los. Ich wurde untersucht und in mein Krankenzimmer gebracht, als der Arzt mich aufforderte:

„Sie duschen jetzt."

Nun reichte es aber wirklich. Zuerst sollte ich allein laufen, mich dann allein auskleiden und dann auch noch allein in die Dusche klettern. Das war zuviel! Aber was blieb mir übrig. Mürrisch zog ich mich aus und wandte alle Kraft auf, um mich unter die Dusche zu quälen, dann legte ich mich schlafen. Am nächsten Morgen stand schon wieder dieser junge Arzt an meinem Bett.

„Sie gehen jetzt zum Röntgen."

„Nein, ich kann nicht gehen."

„Doch! Sie gehen!"

Am liebsten hätte ich diesem Weißkittel den Hals umgedreht. Doch er meinte: „Herr Göbel, ich muss Ihnen etwas erklären. Der Arzt in Mato Grosso hat sie nicht richtig behandelt. Vier Wochen Bettruhe waren viel zu lang und in ihrem Fall nicht angebracht. Die falsche Therapie. Wir wissen nicht, ob es für eine Operation nicht schon zu spät ist. Ein Nerv, der so lange eingeklemmt wurde, ist möglicherweise schon abgestorben. Sie müssen sich jetzt endlich bewegen."

Unglaublich! Der Mann, von dem ich annahm, er würde mich aus Mangel an Sensibilität schikanieren, hatte völlig Recht und hatte das einzig Richtige getan, als er mich ganz rigoros zum Laufen brachte. Nach drei Tagen ging es mir besser. Ich konnte fast wieder normal gehen. Nach acht Tagen ausgiebiger Untersuchungen wurde ich schließlich ohne die Aussicht auf großen Erfolg operiert. Zu aller Überraschung stellte sich nach wochenlangen Reha-Maßnahmen ein guter Heilungserfolg ein, auch wenn mich drei Jahre später ein zweiter Bandscheibenvorfall erwischte und ich die gleiche Prozedur noch einmal erlebte. Allerdings wesentlich gelassener.

Ich habe diese Geschichte erzählt, nicht um zu jammern, sondern weil mir die eigene Erkrankung eine Lehre war. So lange war ich noch nie an meiner Lepraarbeit gehindert und zur Untätigkeit verurteilt gewesen. Als jemand, der immer nur helfen wollte, selber Hilfe zu empfangen oder gar darum zu bitten, das ist mir schwer gefallen. Sich die eigene Bedürftigkeit einzugestehen, dazu bedarf es einer gehörigen Portion Demut. Nur wer sagen kann „Ich brauche dich“, kann auch Dankbarkeit über die empfangene Hilfe empfinden.

Zugleich lehrte mich dieser vermeintlich barsche Würzburger Chirurg, wie wichtig es ist, auf andere einzugehen und das Gespräch mit ihnen zu suchen. Nachdem er mich zum Laufen gebracht hatte, erwies er sich als freundlicher und humorvoller Mensch, der sich viel Zeit für mich nahm und mir jeden seiner Behandlungsschritte erklärte. Ich bin ihm dankbar dafür, dass er mich „rücksichtslos“ forderte und das tat, was er als guter Arzt tun musste. Er half mir wieder aufzustehen und zu gehen.

Lepra und die Tücken der Statistik

In Brasilien gibt es heute das „Sistema Unica de Saude“, das Einheitsgesundheitssystem, das jedem Brasilianer zur Verfügung steht. Jeder Patient hat somit das Recht auf kostenlose ärztliche Behandlung und medikamentöse Versorgung. Auch wenn es in der Praxis manchmal zu Engpässen bei seltenen Arzneimitteln kommt, funktioniert die Versorgung recht gut und ist mit Sicherheit vorbildlich für Lateinamerika. Natürlich verursacht dieses System dem Staat hohe Kosten. Immerhin sind achtzig Prozent der brasilianischen Bevölkerung, die sich niemals eine private Krankenversicherung leisten können, darauf angewiesen. So erhalten Aidspatienten heute kostenlos die teuren Medikamentencocktails, die das Immunsystem stabilisieren und die Lebenserwartung entscheidend erhöhen, aber auch relativ teuer sind. Auch für die typischen Krankheiten der Armen, Tuberkulose und Lepra, werden die Medikamente umsonst ausgegeben.

Über 27 Jahre arbeite ich für die Deutsche Lepra- und Tuberkulosehilfe in Brasilien. Mehr als 70.000 Leprakranke und 20.000 Tuberkulosekranke wurden durch unsere Hilfe behandelt und geheilt. Natürlich wollen die Leute nach so vielen Jahren der Hilfe wissen: Ist Lepra heute überhaupt noch ein Problem? Diese Frage wird oft gestellt. Die teils heftigen Diskussionen darüber, ob Lepra noch immer ein öffentliches Gesundheitsproblem darstellt, hat ihre Ursache in groß angelegten Kampagnen der Weltgesundheitsorganisation WHO, die sich zum Ziel gesetzt hat, die Krankheit weltweit zu eliminieren. Um keine Missverständnisse aufkommen zu lassen: Eliminieren heißt in diesem Fall nicht ausschalten oder gar ausrotten, es heißt lediglich, die Zahl der neuen Leprafälle, im Bürokratendeutsch „die Prävalenzrate“, auf ein erträgliches Maß zu senken. Akzeptabel erscheint demnach ein Leprafall pro 10.000 Einwohner pro Jahr.

Die Eliminationsmaßnahmen begannen 1995, fünf Jahre später sollten sie abgeschlossen sein. Vielleicht hatte sich der damalige Direktor der Lepraabteilung der WHO gewünscht, zum Ende seiner Karriere im Jahr 2000 das Erreichen des Ziels proklamieren zu können. Dies blieb ihm verwehrt, und man setzte als neues Datum das Jahr 2005 fest. Trotzdem werden weltweit noch immer 600.000 neue Lepraerkrankungen pro Jahr entdeckt. Um die Prävalenzrate auf unter 1:10.000 zu drücken, hat die WHO eine Reihe von Maßnahmen gestartet, die zumindest Auswirkungen auf die statistische Erfassung der Patienten haben. So wurde die Behandlungszeit für hochinfektiöse multibazilare Fälle von vierundzwanzig Monaten auf zwölf Monate gesenkt, womit die Rate um die Hälfte reduziert wurde. Heraus kam ein Ärgernis, das von Leprawissenschaftlern, Dermatologenverbänden und allen weltweit operierenden Lepraorganisationen beklagt wird. Nicht die faktische Zahl der Kranken wurde gesenkt, sondern die Zahl der datenmäßig erfassten Patienten. Das führte zu einer abstrusen Merkwürdigkeit. In den neun endemischen Lepraländern in Afrika, Asien und Lateinamerika, an der Spitze Indien und Brasilien, sahen die Statistiken immer besser aus, obwohl die Zahl der Neuerkrankungen nicht sank. Brasilien verfolgt zwar weiterhin das Eliminierungsziel zum Jahr 2010, doch noch immer registrieren wir bundesweit alljährlich rund 50.000 neue Fälle mit leicht steigender Tendenz. Das Auftreten der Krankheit konzentriert sich vor allem auf die Bundesstaaten Mato Grosso im Zentralwesten, Pará im Norden und Maranhao im Nordosten. Auffällig ist, dass gerade in diesen Regionen neues Agrarland erschlossen wurde, was viele Einwanderer aus anderen Teilen Brasiliens anlockt.

Es ist für die Lepraarbeit von zentraler Bedeutung, sich der Tatsache zu stellen, dass der Bundesstaat Mato Grosso nach wie vor eine der höchsten Lepraraten Brasiliens aufweist. Die angepeilte Quote von einem Fall pro zehntausend Einwohner wird um das Zehnfache überschritten, wobei die Rate der neu entdeckten Fälle mit 13:10.000 sogar noch höher liegt. Im Jahr 2005 verzeichneten wir im Mato Grosso gegenüber dem Vorjahr mit über 3.700 Neuerkrankungen eine Steigerung von sieben Prozent. Unter den Erkrankten entdeckten wir 280 Kinder. Es ist vorauszusehen, dass der Bundesstaat das Eliminierungsziel auch im Jahr 2010 nicht erreichen kann.

Bei den jüngsten Strategien gegen die Lepra scheint sich bei der Weltgesundheitsorganisation allmählich eine realistische Sicht durchzusetzen. Der Erkenntnis, dass die Lepra kurzfristig nicht auszurotten ist, folgte der Beschluss, der Krankheit weiterhin durch längerfristige Programme den Kampf anzusagen. Diese Maßnahmen sollen von gut ausgebildeten Lepraexperten in den Basisgesundheitsdiensten der betroffenen Länder durchgeführt werden. Das ist vernünftig. Tragisch hingegen ist, dass in manchen Regionen Kontrollprogramme gar nicht stattfinden können. So werden bei weitem nicht alle Leprafälle entdeckt. Kriege, Unruhen oder Naturkatastrophen schneiden viele Gebiete oft über Jahre von der Lepraarbeit ab. In Brasiliens Nachbarland Kolumbien können die Leprahelfer wegen der Guerilla zwei Drittel des Landes nicht bereisen. 2005 kam es im brasilianischen Amazonasgebiet zu einer schweren Dürrekatastrophe, bei der ganze Flüsse austrockneten. Die Folge war ein Massensterben von Fischen, für viele Menschen die einzige Ernährungs- und Einnahmequelle. Da die Versorgung der Städte mangels Straßen auf dem Wasserweg erfolgt, der Schiffverkehr jedoch eingestellt werden musste, kam es zu erheblichen Versorgungsschwierigkeiten, wovon auch der Lepra- und Tuberkulosedienst betroffen war.

Es klingt paradox: Ausgerechnet von jenen Lepraregionen Brasiliens droht eine Gefahr, die schon früh vermeldeten, die Infektionsquote auf weniger als eine Person pro 10.000 Einwohner reduziert zu haben. Solche Erfolge haben in der Vergangenheit oft eine unerwünschte Nebenwirkung nach sich gezogen: einen Mangel an Wachsamkeit. Und der hat Konsequenzen. Weil in den beiden südbrasilianischen Bundesländern Rio Grande do Sul und Santa Catarina das WHO-Ziel bereits im Jahr 1995 erreicht wurde, stellten beide Bundesstaaten ihre Lepraaktivitäten ein. Die Folgen zeigten sich Jahre später. Seltsamerweise schnellte die Zahl neuer Infektionen zweitausend Kilometer von Südbrasilien entfernt in die Höhe. Und zwar dort, wo noch kontrolliert wird, in Mato

Grosso. Der Grund: In den letzten Jahren hat ein regelrechter Ansturm von Zuwanderern aus dem Süden in den weitläufigen Mato Grosso stattgefunden. Da es genug Weideland gibt, haben sich hier viele Familien angesiedelt, die sich eine Existenz als Farmer aufbauen wollen.

Als wir bemerkten, dass mit der steigenden Zahl der Einwanderer auch die Leprazahlen in die Höhe kletterten, setzten wir uns sofort mit den Gesundheitsministerien in Rio Grande und Santa Catarina zusammen. Mit der Unterstützung der DAHW organisierten wir Aufklärungskampagnen und bildeten die Ärzte und Krankenschwestern aus, die einfach nicht mehr in der Lage waren, die Symptome der Lepra zu erkennen, weil die Krankheit in ihrem Studium keine Rolle mehr spielte. Das Ergebnis war deprimierend. In nur drei Jahren registrierten wir im Süden eine Zunahme der neuen Leprafälle um fast dreihundert Prozent. Zwei von drei Patienten wurden so spät entdeckt, dass sie bereits unter erheblichen Körperdeformierungen litten. Das Schicksal schwerer Verstümmelung hätte den Menschen erspart bleiben können, wenn man nicht den schönen Zahlen der Bürokraten vertraut, sondern lieber auf langfristige Vorbeugemaßnahmen gesetzt hätte.

Eliziada

Ohne Zweifel: Statistische Erhebungen sind wichtig. Nur gerät den Schreibtischbürokraten bei ihrem Poker mit den Leprazahlen aus dem Blick, welch unsägliches Leid die Erkrankten ertragen müssen. Die Gesundheitsexperten, die nur Bazillen zählen, vergessen, dass der Kampf gegen die Lepra ein Kampf gegen die Armut ist. Und gegen die Unwissenheit, die gerade unter den Ärmsten grassiert.

Im Sommer 2006 besuchte ich die Dermatologie unseres alten Leprazentrums in Rondonopolis. Unter den Patienten, die auf den Bänken vor den Behandlungszimmern warteten, saß auch eine junge Mutter mit ihrer Tochter, Maria Veronica und die achtjährige Eliziada. Ich kam mit der Mutter ins Gespräch, und sie erzählte mir von der achtmonatigen Odyssee, die sie mit Eliziada hinter sich hatte.

„Wir sind von einem Arzt zum anderen gelaufen", sagte sie, „und was ist dabei herausgekommen? Nichts! Eliziada juckte es am ganzen Körper. Auch nachts, so dass sie nicht schlafen kann. Doch nichts half. Bis ich diesen Wunderheiler traf."

Um den ständigen Juckreiz ihrer Tochter zu mildern, hatte die Mutter Eliziada jede Nacht mit Alkohol abgerieben, was ihrem Kind jedoch nur kurzfristig Linderung verschaffte. Da Maria Veronica eine sehr gläubige Frau war, hatte sie sich in ihrer Verzweiflung schließlich an eine der vielen Freikirchen gewandt. Der Prediger der Sektenkirche „So o senhor é deus", auf deutsch, „Nur der Herr ist Gott", war für seine Heilungsrituale bekannt und hatte dem Mädchen allem Anschein nach geholfen.

„Er reibt Eliziada mit Öl ein und betet", meinte Maria Veronica, „nur die hellen Flecken gehen nicht weg und werden immer mehr."

Ich vermute, dass das Öl tatsächlich den Juckreiz zum Verschwinden brachte, der wahrscheinlich durch eine allergische Reaktion hervorgerufen wurde. Dennoch waren sowohl der Wunderprediger als auch die Riege der behandelnden Ärzte blind für Eliziadas eigentliche Erkrankung. Nach einer Faustregel der Weltgesundheitsorganisation gilt die Lepra bei einem Patienten, der zwischen einem und fünf hellen Hautflecken aufweist, als nicht ansteckend. Als der Hautarzt Dr. Cassio Ghidella, einer unserer fähigsten Lepraärzte Eliziada in sein Behandlungszimmer rief, zählten wir im Gesicht, auf den Armen und auf dem Rücken des Mädchens jedoch schon dreißig solcher Flecken. Zudem waren die Lymphknoten bereits mächtig angeschwollen und die Beweglichkeit der Hände durch eine Entzündung des Ulnarisnervs in beiden Armen merklich eingeschränkt. Schon die erste vorläufige Diagnose ließ keinen Zweifel daran, dass Eliziada noch sehr harte Tage bevorstehen würden. Ihre multibazilare Leprainfektion war hochgradig ansteckend und aggressiv. Sie zu heilen erfordert eine langwierige Behandlung, wobei mit massiven Abwehrreaktionen ihres Körpers zur rechnen ist.

„Von einer Elimination der Lepra", so sagte Dr. Ghidella, „sind wir noch sehr weit entfernt. Man muss sich vorstellen: Ein achtjähriges Mädchen, das monatelang von einer Praxis in die nächste pilgert, ist bestimmt schon zwei oder drei Jahre unbemerkt krank. Hinzu kommt die Inkubationszeit. Zwischen der Infektion mit Leprabakterien und dem Ausbruch der Erkrankung können bis zu zwanzig Jahre liegen. Es ist also wahrscheinlich, dass sich Eliziada schon in frühester Kindheit angesteckt hat. Doch bei wem? Und wer wurde sonst noch infiziert? Wie sollen wir das herausfinden, wenn nicht durch ständige Kontrollen?"

Ich begleitete Maria Veronica und ihre Tochter dann nach Hause, um mir ein Bild von ihrer Lebenssituation zu machen. Sie ist typisch für jene dreißig Prozent der Brasilianer, die unterhalb des Existenzminimums leben. Wir landeten in einem Acampamento, einem illegal von Landlosen besetzten Terrain am Stadtrand von Rondonopolis. Hier wohnte Maria Veronica mit ihren drei Kindern in einer Holzbaracke, und, wie so oft in Brasilien, allein, ohne Ehemann.

„Vor einiger Zeit lebten wir in einer schönen Mietwohnung in der Stadt. Aber dann verschwand mein Mann von heute auf morgen und hat mich mit den Kindern sitzen lassen. Da musste ich aus der Wohnung raus, weil ich kein Geld für die Miete hatte."

Heute muss sich Maria Veronica mit ihren drei Mädchen durchschlagen, indem sie tagsüber in einer Fabrik arbeitet, in der Mülltüten hergestellt werden. Ihr Monatslohn beträgt umgerechnet schäbige 110 Euro. So schließt sich der Teufelskreis: kein Geld, schlechte Wohnung, noch schlechteres Essen, Hunger, keine Abwehrkräfte und schließlich die Lepra.

Warum gerade ich?

In reichen Ländern tritt die Erkrankung nicht auf. Wo die Menschen wie in Europa über eine relativ stabile Gesundheit und ein kräftiges Immunsystem verfügen, kann sich das Mycobacterium leprae nicht verbreiten. In Norwegen etwa, wo der Arzt Gerhard Armauer Hansen 1873 den Erreger entdeckte, gab es zwar im 20. Jahrhundert noch Leprafälle, doch durchgreifende Hygienemaßnahmen und die Verbesserung der Lebensbedingungen führten 1925 zur Ausrottung des Bakteriums. Und das ohne die Anwendung von Medikamenten. Dapson, das erste wirksame Präparat gegen die Lepra, wurde erst 1941 entdeckt.

Dass sich in den Entwicklungsländern alljährlich mehr als eine halbe Million Menschen mit Lepra infizieren, obwohl seit Jahrzehnten hochwirksame Antibiotika verfügbar sind, hat für mich einen einfachen Grund. Solange wir die Armut nicht beseitigen, werden wir auch die Lepra nicht eliminieren. Solange in Brasilien nach offiziellen Regierungsangaben ein Drittel der Menschen unterhalb des Existenzminimums lebt, solange werden uns die Lepra und die Tuberkulose beschäftigen.

Lepra ist zwar eine Krankheit der Armen. Das heißt aber nicht, dass die Zugehörigkeit zur Mittelschicht automatisch Immunität verleiht. Eine Infektion trifft diese Menschen völlig unvorbereitet, wie ein Blitz aus heiterem Himmel, und stürzt sie in einen Alptraum. Wer in wohlsituierten Verhältnissen lebt, hat viel zu verlieren.

Letztes Jahr erhielt meine Frau Marisa einen Anruf einer Freundin und ehemaligen Nachbarin aus Rondonopolis. Sie war äußerst aufgeregt und hegte einen schlimmen Verdacht: Das seltsame Verhalten ihres Mannes Sebastiao hatte sie argwöhnisch gemacht. Er zog sich stumm zurück, brach die Kontakte zu seinen Freunden ab und vermied peinlichst, seine Frau und seine Kinder zu umarmen. Sebastiaos Verhalten und sein Schweigen waren seiner Frau ein Rätsel, bis sie entdeckte, dass er einmal im Monat heimlich das Leprazentrum in Rondonopolis aufsuchte.

Unser ehemaliger Nachbar Sebastiao stammte aus Südbrasilien, aus einer gut entwickelten Region mit teilweise europäischem Lebensstandard. Er war mit seiner Familie nach Mato Grosso ausgewandert, wo er eine gut bezahlte Stelle als Verwalter einer Großfarm fand. Wir luden das Ehepaar für ein Wochenende nach Cuiabá ein, wo wir in unserer Wohnung gemeinsam zu Abend aßen. Sebastiao sah nicht gut aus. Seine rötliche Hautfarbe, verursacht durch das Medikament Clofazimin, und das nach einer Kortisonbehandlung angeschwollene Gesicht verrieten, dass er auf Lepra behandelt wurde. Als ich mit ihm alleine war, fragte er mich:

„Weißt du eigentlich, dass ich Hanseniase habe?“

Ich bejahte, worauf er erstaunt wissen wollte:

„Und da ladet ihr mich ein! Hast du denn keine Angst, dich anzustecken?“

„Nein, nein“, antwortete ich prompt. Etwas vorschnell,

wie ich zugeben muss, denn ich war verunsichert, dass die Lepra nicht nur in den Armenvierteln, sondern auch so nahe in meiner Umgebung zuschlug.

„Aber Manfredo! Warum erwischt es ausgerechnet mich? Meiner Familie geht es gut. Ich lebe in geordneten Verhältnissen."

Die Frage nach dem Warum, wie sollte ich die beantworten? Weshalb trifft es den einen und seinen Nachbarn nicht? Offenbar gehörte Sebastiao zu einer Personengruppe, die keine Immunität gegen den Leprabazillus besitzt. Womöglich hatte er sich bei einem Farmangestellten angesteckt, dessen Erkrankung nicht entdeckt und behandelt worden war. Sebastiao hat sich mit einer äußerst schweren multibazilaren Lepraform infiziert und muss wegen akuten Nervenentzündungen vierundzwanzig Monate behandelt werden. Nach zwölf Monaten wird Sebastiao dann kein Leprapatient mehr sein. Zumindest statistisch. Dann kann er niemanden mehr anstecken, und sein Fall ist für die Datenzähler nach den Kriterien der WHO nicht mehr relevant. Dass er vielleicht für den Rest seines Lebens durch schwere Behinderungen gezeichnet sein wird, steht auf einem anderen Blatt.

Wenn Ärzte nicht heilen

Auch Ana Maria da Silva ist längst geheilt. Aber nur auf dem Papier. Als ich ihr im Sommer 2006 begegnete, traf ich eine völlig deprimierte und verzweifelte Frau. Und ich bin heute noch wütend, wenn ich daran denke, wie übel Ana Maria mitgespielt wurde. Denn nicht die Lepra hat die 48-jährige zerstört, sondern der Arzt, dem sie in die Hände fiel.

Anas tragische Geschichte begann 2002. Fast zwanzig Jahre arbeitete sie als Krankenschwester in einem Hospital in der Stadt Caceres. Daher war sie bestens über die Lepra informiert und hatte viele Erfahrungen mit Patienten. Dann schmerzte plötzlich ihre rechte Hand und schwoll mächtig an. Da die lepratypischen hellen Hautflecken ausblieben, stocherten die behandelnden Ärzte mit ihrer Diagnose im Nebel. Über ein Jahr wurde Ana auf Rheumatismus behandelt, cremte regelmäßig ihre Hände ein, doch der Schmerz wurde immer unerträglicher und zog in den ganzen rechten Arm. Dann erst stellte einer unserer Lepraspezialisten aus Cuiabá eine multibazilare Leprainfektion im fortgeschrittenen Stadium fest. Drei zentrale Nerven in Anas rechtem Arm waren derart von Bazillen befallen und entzündet, dass sich eine unbewegliche Fallhand gebildet hatte und sich die Finger zu einer klauenartigen Krallenhand verkrümmten. Während einer ersten Behandlung musste Ana drei Mal operiert werden, um die eingeklemmten Nerven freizulegen. Weitere fünf Operationen wurden später in ihrer Heimatstadt Pontes de Lacerda durchgeführt, von einem Arzt, der sich nicht nur als Stümper herausstellte, sondern auch als äußerst geldgierig.

Anstatt die Beweglichkeit von Anas Hand wie üblich mit einer aufwändigen Muskeltransplantation zumindest teilweise wieder herzustellen, hatte dieser Pfuscher ihr eine Metallplatte in die Hand verpflanzt, um das Handgelenk zu stabilisieren. Eine sinnlose Maßnahme, zumal das Metallstück auch noch zerbrach und nun kaputt in Anas Handgelenk steckte. Zudem hatte der Mediziner Anas Familie in wirtschaftliche Not gebracht. Erst zwei, dann drei, dann fünf, schließlich musste die Familie fast alle ihre zwanzig Rinder verkaufen, Stückpreis umgerechnet 200 Euro, um diesen Arzt zu bezahlen, der mit jeder Operation Ana Maria da Silva mehr ruinierte. Als ich sie traf, war sie nur noch ein schluchzendes Bündel Elend, zutiefst deprimiert und von Schmerzen gepeinigt.

„Ich war immer ein lebensfroher Mensch“, erzählte sie, „und habe gern für meine Familie und unsere Freunde gekocht. Nun haben sich alle abgewendet. Wenn du Lepra hast und krank wirst, dann taugst du nicht mehr und bist ohne Wert. Ich kann nicht einmal mehr einen Brief schreiben.“

Was mich an Anas Geschichte so zornig macht, ist nicht nur ihr individuelles Schicksal. Sie lief von einem Arzt zum nächsten, ohne Hilfe zu finden. Sie verlor ihre Arbeitsstelle als Krankenschwester. Sie bezahlte ein kleines Vermögen für unsinnige und völlig überflüssige chirurgische Eingriffe. Sie hat seit Jahren keine Nacht mehr schmerzfrei verbracht, doch nach den Kriterien der Weltgesundheitsorganisation WHO ist Ana Maria da Silva geheilt. Nicht wie sie sich selber fühlt, ist ausschlaggebend für ihren Gesundheitszustand, sondern das in ihrer Krankenakte eingetragene Datum. Der 21.10.2003 ist der Zeitpunkt, an dem Anas medikamentöse Leprabehandlung beendet wurde. Seitdem kann sie keine Bazillen mehr an andere weitergeben, und seitdem wird Ana in keiner Leprastatistik mehr geführt.

Seit kurzem hat auch Anas linker Arm zu schmerzen begonnen. Ihr Drama geht weiter, und ich hoffe nur, dass meine Frau noch eine Möglichkeit sieht, Ana in dem Leprazentrum von Cuiabá zu helfen. Lepra zu heilen ist mehr als bloß Bakterien zu töten, und es scheint mir, als verberge sich hinter dem Umgang mit den Ausgestoßenen eine ganz andere Krankheit unserer Zeit. Mutter Teresa hat diese Krankheit einmal, wie ich finde, sehr treffend, benannt:

„Die größte Krankheit heute ist nicht die Lepra, Tuberkulose oder Aids, sondern vielmehr das Gefühl unerwünscht zu sein, ohne Fürsorge und verlassen von allen. Das größte Übel ist der Mangel an Liebe und Nächstenliebe, die schreckliche Gleichgültigkeit gegenüber dem Nachbarn, der am Wegrand lebt, von Ausbeutung, Verderbnis, Armut und Krankheit heimgesucht."

Formulare statt Herz

Was hat sich geändert? Als ich Ende der siebziger Jahre nach Brasilien kam, besaß kaum jemand ein privates Telefon. Man war auf wenige öffentliche Fernsprecher angewiesen, über die sich nur äußerst umständlich irgendwelche Verbindungen herstellen ließen. Mobiltelefone und Computer gab es noch nicht, und die Möglichkeiten, die Internet und E-Mail zwanzig Jahre später eröffnen sollten, ahnte noch niemand. Wenn ich den Kontakt zur DAHW in Würzburg herstellen wollte, setzte ich mich an unsere klapprige Schreibmaschine und tippte den Text auf ein Blatt Papier. Der Postweg funktionierte zwar, doch es dauerte Wochen, bis ich auf meine Briefe eine Antwort erhielt. Umgekehrt war es genauso. Wenn ich Post bekam, die schon lange unterwegs war, gab es nur selten einen zwingenden Grund, sich sofort an den Schreibtisch zu setzen und zu reagieren. Auf zwei, drei Tage mehr oder weniger kam es nicht an. Der bürokratische Teil meiner Arbeit war überschaubar und ohne allzu großen Druck zu bewältigen. Je ruhiger und gelassener ich den Schriftkram angehen konnte, desto mehr Zeit blieb für den unmittelbaren Kontakt zu den Menschen.

Heute kommen Anfragen aus aller Welt per E-Mail. Wenn ich morgens in Cuiabá im dreizehnten Stock des Work-Towers unser Büro betrete und den Computer anschalte, springen mich die neuen Nachrichten an. Zwanzig, dreißig oder noch mehr Mails wollen gelesen und beantwortet werden, viele davon möglichst sofort. Alles ist immer höchst dringlich.

Für mich war und ist es eine Selbstverständlichkeit, dass ich über meine Aktivitäten in der Lepraarbeit auch Berichte anfertige. Nur waren diese Rapporte früher recht schlicht und einfach gehalten und beschränkten sich auf das Wesentliche. Heute werden die Formulare für die Berichterstattung immer detaillierter und komplizierter. Zudem erfolgt der Datenaustausch mit der alten Heimat häufig nicht etwa auf Deutsch oder in der brasilianischen Landessprache Portugiesisch, sondern auf Englisch. Dass in Brasilien nur wenige Menschen Englisch verstehen, darüber zerbricht sich niemand den Kopf.

Während ich vor 25 Jahren als Krankenpfleger an der Basis in dem überschaubaren Distrikt von Rondonopolis arbeitete, hat sich mein Arbeitsgebiet heute verlagert. Als DAHW-Repräsentant für Brasilien bin für die Lepra- und Tuberkuloseaktivitäten in acht Bundesländern und den Kontakt zur brasilianischen Regierung verantwortlich. Zudem nehme ich seit 2004 als Koordinator der ILEP, der Internationalen Vereinigung der Leprahilfswerke, an wichtigen Konferenzen des brasilianischen Gesundheitsministeriums und der WHO teil. War ich früher monatelang im Busch unterwegs, so bin ich heute an den gesundheitspolitischen Entscheidungen für die Lepra- und Tuberkuloseaktivitäten in Brasilien beteiligt. Doch trotz vieler Konferenzen und Bergen an Büroarbeit, bin ich froh, mir etwas von meinem rebellischen Geist bewahrt zu haben. Funktionäre, die jeden Kontakt zur Basis verloren haben und nur noch vom grünen Tisch aus entscheiden, sind mir ein Gräuel. Das habe ich schon damals scharf kritisiert, und so denke ich noch immer.

Ich stehe zwischen zwei Kulturen. Da ist die deutsche

Mentalität, die ungeheuer genau und ordnungsliebend alles dokumentiert haben will, um über jeden Schritt eine Akte anlegen zu können, und da ist die brasilianische Mentalität. Deutsche Präzision und generalstabsmäßige Projektplanungen sind hier nicht gefragt. Mit Daten nimmt man es hier nicht so genau. Das führt zu Konflikten, und wir geraten ständig zwischen die Fronten.

Es gibt A-, B- und C-Formulare, die ebenso penibel ausgefüllt werden müssen wie endlose Listen und Statistiken über Patientenzahlen und Krankheitsentwicklungen. Hinzu kommen Finanzberichte, Evaluationen, Projektinformationen, Projektbewertungen, Budgetplanungen und Vertragsgestaltungen. Außerdem ständig neue Anträge, Behördenschreiben, Buchhaltung und Personalverwaltung. Diese ganze Schreibtischarbeit ist extrem zeitaufwendig. Ihre Notwendigkeit wird damit begründet, man müsse bei der Anwendung der Gelder Transparenz schaffen. Diese Transparenz ist ohne Frage wichtig. Doch ich mache immer mehr die Erfahrung, dass der Wust an bürokratischem Aufwand der direkten Arbeit mit den Kranken die Flexibilität und Mobilität raubt und uns die Luft zum Atmen nimmt.

Ich höre diese Klagen über die Überbürokratisierung von allen internationalen Helfern. Egal ob sie aus Italien, England oder den Niederlanden stammen, sie alle stöhnen und ächzen unter dem anschwellenden Berg der Daten- und Formblätter. Offensichtlich bekommen einige Leute nicht mit, welche Konsequenzen diese schleichende Bürokratisierung der Welt nach sich zieht. An die Stelle der menschlichen Begegnung treten der Kontakt per E-Mail und die statistische Datenerfassung. Das Büro ersetzt die Buschfahrt, der Bürostuhl den Landrover, der Schreibtisch das Krankenbett, und das allgegenwärtige Formular ersetzt Herz und Verstand.

Wenn ich von Kongressen oder Seminaren in Manaus, Sao Paulo oder aus dem kolumbianischen Cartagena nach Cuiabá zurückkehre, warten Hunderte von E-Mails auf mich, die mich zu ersticken drohen. „Delegieren!“ heißt es dann. „Manfredo, du musst Aufgaben abgeben.“ Nur da beißt sich die Katze in den Schwanz. Delegieren bedeutet mehr Personal, doch alle Organisationen, die ich kenne, sparen massiv. Zudem stehen sie mächtig unter öffentlichem Druck, die Verwendung ihrer Gelder zu rechtfertigen. Geld, das in mehr Bürokräfte investiert wird, fehlt dann bei der Finanzierung von Projekten. Und da will natürlich niemand notwendige Hilfsmittel streichen und sich den Vorwurf gefallen lassen, er blähe seinen Verwaltungsapparat auf. Nur: „Wenn diese Entwicklung so weitergeht“, pflegen wir Entwicklungshelfer in Brasilien zu sagen, „werden wir bald keinen einzigen Bericht mehr verfassen, weil wir keine Zeit haben, überhaupt noch ein Projekt vor Ort zu besuchen.“

Ich finde für diese unselige Bürokratisierung keine Erklärung. Ich weiß nur, dass Hilfsorganisationen heutzutage einem ungeheueren Druck ausgesetzt sind, der nicht zuletzt eine Folge der Internationalisierung der Hilfe ist. So verwandelt sich der Typ des Entwicklungshelfers, der aus dem Nichts heraus mit seiner persönlichen Leidenschaft und seinem Engagement etwas aufbaut, in einen Aktenverwalter. Gegen diese verhängnisvolle Tendenz wehren sich auch meine Kolleginnen und Kollegen. Wir wollen nicht, dass die Menschen, für die wir da sind, letztlich auf der Strecke bleiben, weil irgendein Bericht pünktlich vorzuliegen hat. Mein Platz jedenfalls ist nicht am Schreibtisch vor dem Computermonitor, sondern unter den Menschen.

„Leben heißt, helfen zu leben. Man muss anderes Glück aufbauen, um selbst glücklich zu sein."

Diese Sätze unterschreibe ich ohne Wenn und Aber. Sie stammen von Raoul Follereau, und ich weiß, dass er damit die Wahrheit gesagt hat. Ich bin mir jedoch nicht sicher, ob Follereau, der 1977 im Alter von 75 Jahren in Paris starb, in Deutschland vielen Leuten bekannt ist. Doch für mich wurde er zu einem Vorbild, und auch die Deutsche Lepra- und Tuberkulosehilfe stellt ihre Arbeit in die Tradition des Franzosen, den man schon zu Lebzeiten „Apostel der Leprakranken" nannte. Follereau war es, der 1953 erstmals den Welt-Lepra-Tag ausrief, der seitdem weltweit am letzten Sonntag im Januar begangen wird.

Raoul Follereau wurde 1903 im französischen Nevers geboren. Er war vierzehn, als er seinen Vater im Ersten Weltkrieg verlor, wie man so erschreckend zu sagen pflegte, „auf dem Feld der Ehre". Schon in seiner Jugend berührten Follereau das Leid, der Schmerz und die Wunden des menschlichen Körpers, Hunger, Armut und Krankheit, die jährlich Millionen von Opfern verursachen. Follereau studierte zunächst Philosophie und Jura, arbeitete als Rechtsanwalt und schrieb nebenbei Theaterstücke und Gedichte, bis er schließlich Journalist wurde.

Mitte der dreißiger Jahre traf ihn der Schock seines Lebens, als er in Nordafrika während einer Reportage über den französischen Priester Charles de Foucauld erstmals mit Leprösen in Berührung kam. Das traurige Los dieser verstümmelten und ausgestoßenen Menschen ließ Follereau keine Ruhe, und er machte ihr Schicksal zu seiner Angelegenheit, um fortan rastlos als „Vagabund der Barmherzigkeit" durch die

Welt zu ziehen. Er ermutigte die Menschen, ihre Herzen für die Probleme der Leprakranken zu öffnen, sich von der Angst zu befreien und endlich über Möglichkeiten nachzudenken, die Krankheit systematisch zu bekämpfen. Bereits während des Zweiten Weltkriegs organisierte er eine Konferenz, um für das Lepradorf in Adzopé in der Elfenbeinküste Spenden zu sammeln. Nach dem Krieg wandte er sich in viel beachteten Appellen an die Weltöffentlichkeit und holte die Millionen Leprakranken weltweit aus dem Schatten des Vergessens. In der Zeit des Kalten Krieges und des Wettrüstens zwischen den Supermächten USA und Sowjetunion stellte er die Alternative „Atombombe oder Barmherzigkeit" auf. Er appellierte an die Großmächte, den Wert zweier Bombenflieger für den Kampf gegen Lepra zu spenden, eine Forderung, die an Aktualität nichts eingebüßt haben dürfte.

An Raoul Follereau hat mir imponiert, dass er sein unermüdliches Engagement für die Leprakranken nicht als einen Kampf gegen Bakterien oder Viren verstand, sondern als ein Streiten um die menschliche Würde. Im Gegensatz zu manchen Medizinern heutzutage waren für ihn die Kranken keine bloßen Fälle, deren Schicksal sich in irgendeiner Statistik verflüchtigt. Nicht die Lepra war für ihn das Übel, sondern der Egoismus und die Feigheit, die Ungerechtigkeit, die Gleichgültigkeit, die Ignoranz und Intoleranz, kurz gesagt, die Lieblosigkeit. Als Raoul Follereau starb, hinterließ er uns ein Vermächtnis. Er hoffte, dass das Gute, das er selbst nicht mehr in die Tat umsetzen konnte, von uns allen weiter geführt und getan wird. Diesem Erbe fühle ich mich verpflichtet.

Allerdings musste ich erst vor wenigen Jahren wieder einmal feststellen: Gutes zu tun ist bisweilen schwieriger, als es auf den ersten Blick aussieht. Was gut gemeint ist, muss nicht unbedingt gut sein. Vor allen dann nicht, wenn der Hilfsempfänger mit der Unterstützung nichts anfangen kann, weil sie völlig an seinen Bedürfnissen vorbei geht.

Bei dem englischen Kinderarzt David Morley fand ich ein paar Worte, ein Credo für Entwicklungshelfer, das mich seit den ersten Jahren in Mato Grosso immer begleitet hat:

„Gehe zu deinem Volk. Liebe es. Lerne mit ihm. Plane mit ihm. Diene ihm. Beginne mit dem, was es weiß. Baue auf dem auf, was es besitzt."

Das liest sich ganz leicht. Wie eine entwicklungspädagogische Selbstverständlichkeit. Fange mit dem an, was da ist. Womit denn auch sonst!

Nur was ist, wenn man in einen fremden Kulturkreis gerät, der wirklich fremd ist? Unter Menschen, die anders denken, anders empfinden und ganz anders handeln, als man erwartet. Menschen, die man missversteht, obwohl man sie zu verstehen glaubt. Dass es Kulturen gibt, die weder durch die Brille des Europäers zu verstehen sind, noch durch die Brille dessen, was man sich landläufig unter einem Brasilianer vorstellt, erfuhr ich bei meinen Begegnungen mit Menschen, deren Vorfahren bereits in Brasilien lebten, lange bevor ein weißer Mann einen Fuß auf ihr Land setzte.

Indianer, eine bedrohte Kultur

Viele Chronisten lassen die Geschichte Brasiliens mit dem Jahr 1500 beginnen, als der Portugiese Pedro Alvarez Cabral am 22. April als erster Europäer dort vor Anker ging, wo heute die Stadt Porto Seguro in dem brasilianischen Bundesstaat Bahia liegt. Nur fand er keinen leeren Kontinent. Hier lebten bereits Menschen. Damals gab es nach Schätzungen zwischen drei und fünf Millionen Indianer in Brasilien, fünf Jahrhunderte später ist ihre Zahl auf gerade einmal ein Zehntel geschrumpft. Die letzten Nachkommen der Urbrasilianer verteilen sich auf rund 200 verschiedene Volksgruppen mit eigenen Sprachen und eigener Kultur.

Die Indianer waren Nomadenvölker, die vom Fischfang und von der Jagd lebten. Wurden ihre Jagd- und Fischgründe unergiebig, zogen sie weiter, und die Natur konnte sich regenerieren. Und heute? Wohin sollen die Indianer gehen? Großgrundbesitzer und Firmenkonzerne nehmen ihnen das Land, Holzfäller zerstören die Bäume, genau wie die Rinderzüchter und Sojabohnenbauern, die immer mehr Regenwälder durch Brandrodung vernichten. Nicht zuletzt hinterlassen Garimpeiros beim Schürfen nach Diamanten und Gold riesige Mondlandschaften, zerstörte Ökosysteme und mit Quecksilber verseuchte Flüsse. Der Lebensraum der Indianer wurde im Laufe der Jahrhunderte immer weiter beschnitten, ihre Jagdgebiete gaben nichts mehr her, so dass zuletzt nur noch die staatlich geschützten Reservate übrig blieben. Damit sind die einstigen Nomaden heute zur Sesshaftigkeit gezwungen. Diese ungewohnte Lebensweise wiederum nötigt sie, sich in ihrem Überlebenskampf mit Viehzucht und Ackerbau zu beschäftigen. Wie sehr diese Lebensform ihrem Naturell widerspricht, musste ich erfahren, als sich ein Indianer vom Stamm der Xavantes bebend vor Zorn und mit Pfeil und Bogen vor mir aufbaute und mir ernstlich mulmig wurde.

Kurioserweise war es nicht die Lepra, die mich in die Reservate der Terena, der Kaiowá und der Xavantes verschlug. Es ist ein eigenartiges Phänomen, dass die Nachfahren der brasilianischen Urbevölkerung nur äußerst selten an Lepra erkranken, ohne dass Forscher bislang den Grund für ihre Resistenz entdecken konnten. Dafür jedoch grassiert in den Indianersiedlungen ein Krankheitserreger, der unter dem Mikroskop kaum von dem Mycobacterium leprae zu unterscheiden ist: das bacterium tuberculosis, dass die gefürchtete Lungenkrankheit hervorruft. Als die DAHW Mitte der neunziger Jahre aufgrund des weltweiten Anstiegs der Tuberkulosekranken infolge der Immunschwäche Aids neue Hilfsprojekte ins Leben rief, bot sich uns die Möglichkeit, auf die Tragödie der Indianer im Mato Grosso zu reagieren.

Die harten Lebensbedingungen und vor allem die Ernährungslage der Indianer haben fatale Auswirkungen. Oft werden ganze Stämme Opfer von Hungersnöten. Die Kinder leiden an chronischer Unterernährung. Die Kindersterblichkeit in ihren Reihen zählt zu den höchsten in Brasilien. Achtzig, neunzig Prozent der Indianer leiden an parasitären Erkrankungen, ihr Abwehrsystem ist denkbar schwach, zudem treffen die Tuberkulosebakterien in den Siedlungen auf idealen Nährboden. In den typischen Stroh- und Palmhütten ohne Fenster und Belüftung leben viele Menschen auf engstem Raum zusammen, was die Ausbreitung der Tuberkulose enorm befördert. Durch winzige Speicheltröpfchen steckt einer den anderen an. Während in Brasilien im Durchschnitt vierzig von einhunderttausend Einwohnern an Tuberkulose erkranken, lag die Quote in dem Reservat von Dourados zu Beginn unserer Arbeit im Jahr 2000 dreiundzwanzig Mal so hoch.

Das Reservat Bororó liegt in Mato Grosso do Sul am Rande der 400.000-Einwohner-Stadt Dourados, nicht weit von der Grenze zu Paraguay. Hier leben auf 3.500 Hektar fast 8.000 Indianer vom Volk der Terena und Guaraní-Kaiowá. Bei letzteren erinnert nur noch der Name an ihre stolze

Herkunft und Tradition. Kaiowá bedeutet „Herrscher der Wälder". Doch der Wald ist längst gerodet, von dem Territorium, das die Guaraní vor zweihundert Jahren noch besiedelten, blieb ihnen gerade noch ein Prozent.

Vor allem die unterernährten Kinder sind von der Krankheit Tuberkulose betroffen. Für sie ist das Hospital „Porta da esperanca" tatsächlich das letzte „Tor der Hoffnung". Ohne die Nährlösungen aus den Infusionsflaschen wären viele Säuglinge und Kleinkinder dem Tod geweiht.

Im Jahr 2000 entschied die DAHW, dass wir uns für die Einwohner des Reservates von Dourados engagieren sollten. Durch ein engmaschiges System aus einheimischen Helfern gelang es, die Tuberkulosefälle auf ein Drittel zu reduzieren. Gleichzeitig machten wir eine wichtige Lernerfahrung. Um das geschwächte Immunsystem der Indianer zu stärken, verteilten wir kostenlose Lebensmittelpakete. Nur erwies sich diese kurzfristige Hilfe schon bald als ungeeignet, die Ernährungslage der Indianer zu verbessern. Statt sich auf die eigenen Füße zu stellen, verlangten sie, dass wir immer mehr Nahrungspakete liefern sollten. Eine auf die Dauer kostspielige, vor allem aber kontraproduktive Sache. Statt die Indianer zu Schritten in die Selbstständigkeit anzuregen, drohten sie in ihrem Reservat immer mehr in eine Abhängigkeit zu geraten. Wir mussten gegensteuern.

Die Indianerbehörde stellte einen Agraringenieur als landwirtschaftlichen Berater ein und wir ermutigten einige Familien dazu, Gemüsegärten anzulegen und Obstbäume zu pflanzen. Die meisten jedoch wollten vom Ackerbau nichts wissen. Hacke und Spaten lehnten sie ab. Doch das Klima änderte sich, als die Bauern vom Stamm der Terenas ihren ersten Salat ernteten und Gemüse aus eigenem Anbau verzehrten. Als sie dann auch noch mit ihrer Ernte auf den Markt von Dourados zogen und etwas Geld heimbrachten, wurde das Agrarprojekt plötzlich auch für die anderen Stämme interessant. Dass dieses Projekt heute gut funktioniert, hängt gewiss damit zusammen, dass die Indianer durch die kulturelle Anbindung an die Stadt Dourados neuen Ideen recht aufgeschlossen begegnen. Bei Stämmen in entlegeneren Regionen Brasiliens habe ich ganz andere Erfahrungen gemacht.

Drei Wünsche von Häuptling Damiao

In der Nähe der Stadt Canarana, 800 Kilometer nordöstlich von Cuiabá, leben Xavantes-Indianer. Nach Jahrhunderten völliger Abgeschiedenheit wurde dieser Stamm erst 1967 entdeckt und von Großgrundbesitzern aus ihrem angestammten Urwaldgebiet vertrieben. Die Xavantes wurden zwangsumgesiedelt, in ein Dorf namens Agua Branca, zu deutsch weißes Wasser. Schon der Name ist ein Hohn. Als wir 2002 eine Tuberkulosekampagne unter den Xavantes starteten, beschwerte sich Häuptling Damiao bei jedem meiner Besuche, der nächste Fluss sei viel zu weit entfernt und es gäbe keine Tiere zu jagen.

Obzwar sie ihren Lebensunterhalt nicht mehr als Jäger bestreiten konnten, hielten die Xavantes streng an ihren Traditionen fest. In der Mitte des Dorfes stand eine Palmhütte mit einem einzigen großen Raum voller Hängematten, in dem ausschließlich Jugendliche lebten, etwa dreißig junge Männer. Wenn ein Indianerjunge zwölf Jahre alt wurde, musste er seine Eltern verlassen. Vier Jahre lang, bis zu seinem sechzehnten Lebensjahr, lebte er mit Gleichaltrigen in dieser Hütte, die er nur selten verlassen durfte. Einmal in der Woche war es den Jungen erlaubt, ihre Eltern besuchen, tagsüber war es ihnen strengstens verboten, ihre gemeinsame Behausung zu verlassen. Nur nachts durften sie heraus, um sich etwas zu essen zu besorgen. Damiao erklärte mir den Grund. „Dann schlafen die Mädchen." Die Klausur der Jungen war eine Maßnahme, um Kontakte zu den Mädchen zu unterbinden und so unerwünschte voreheliche Schwangerschaften zu vermeiden.

Wenn die Jugendlichen sechzehn Jahre alt sind, veranstalten die Xavantes ein großes Fest, dessen Termin sich am Stand des Mondes orientiert. Die jungen Männer müssen sich dann traditionellen Initiationsriten unterziehen und Tapferkeits-, Kraft- und Geschicklichkeitskämpfe ausfechten, um als Mann wieder in die Gemeinschaft aufgenommen zu werden. Sie erhalten einen Nasenring sowie Ohrringe und werden noch am selben Tag verheiratet. Ihre Ehefrauen suchen sich die jungen Männer nicht selber aus. Der Häuptling und der Rat des Dorfes bestimmen, welches Mädchen künftig mit welchem Mann zusammenleben wird. Nach der Zuteilung der Ehepartner wird gefeiert. Das ganze Dorf tanzt und das selbstgebraute Bier fließt in Strömen.

Während unserer Begegnungen trug der Stammeschef Damiao drei Bitten an mich heran. Erstens, etwas gegen den Hunger zu unternehmen. Zweitens, die Kakerlaken im Dorf auszurotten. Drittens wünschte er sich ein Megafon.

Bei meinem nächsten Besuch brachte ich Damiao zu seiner Freude eine tragbare Lautsprecheranlage mit, die er dazu benutzte, sich bei seinen Ansprachen im Dorf Gehör zu verschaffen. Die Ausrottung der Barratas, der Kakerlaken, erwies sich als komplizierter. Die fetten, fingerlangen Viecher waren eine schlimme Plage. Nachts krabbelten sie in die Hütten und fraßen die Kinder an. Viele der Kleinen hatten angenagte Finger und Zehen. Auch vor den Erwachsenen machten die gefräßigen Insekten nicht Halt. Häuptling Damiao hatte einige Bisswunden auf den Wangen und fürchtete: „Wenn wir die Barratas nicht vernichten, fressen sie mir das Gesicht weg."

Die Ursache der Plage war schnell ausgemacht. Die Xavantes hatte die Angewohnheit, Essens- und Lebensmittelreste in ihren Palmhütten aufzubewahren, was Scharen von Kakerlaken anlockte. Ohne ein Minimum an Hygiene, das war klar, war das Problem nicht in den Griff zu bekommen. Dennoch versprach ich Damiao, kurzfristig zu helfen, um die widerlichen Barratas zu vernichten. Ich delegierte die Aufgabe an einen Krankenpfleger aus der Stadt Canarana, der sich unter der Anleitung eines Agraringenieurs bereit erklärte, in den Hütten der Indianer eine Spritzaktion durchzuführen, um die Kakerlaken mit Gift zu töten.

Bei der ersten Spritzaktion nebelte der Krankenpfleger das halbe Dorf ein, doch alle Barratas überlebten. Eine zweite Maßnahme führte zu demselben Ergebnis. Offenbar war das Insektenvertilgungsmittel zu schwach. Der Häuptling wurde ernsthaft sauer. Weil die versprochene Hilfe ausblieb, ließ er seine Wut an dem Krankenpfleger aus. Der arme Kerl rief mich an und war zu Recht verängstigt:

„Wenn ich die Kakerlaken nicht beseitige, wollen mich die Indianer gefangen nehmen und als Geisel festhalten. Ich brauche Geld für ein besseres Spritzmittel."

Da ich wusste, dass die Xavantes im Zorn nicht mit sich spaßen ließen, besorgte ich ein stärkeres Gift, und der dritte Feldzug gegen die Barratas brachte dann endlich den gewünschten Erfolg.

Für die Indianer in Agua Branca gab es zwei Gesundheitsdienste, von denen einer den Zorn von Häuptling Damiao entfacht hatte. Dieser Dienst wurde von einer Nichtregierungsorganisation aus Canarana betrieben und sollte die Reservate der Indianer regelmäßig besuchen. Offenbar funktionierte die medizinische Betreuung nicht, denn der zuständige Arzt und die verantwortliche Ärztin ließen sich mit ihren Helfern nur alle drei Monate einmal blicken. „Die arbeiten schlecht“, schimpfte Damiao und reagierte so erbost, dass er dem Team den Zutritt zu seinem Dorf untersagte. Er drohte: „Wenn diese Leute noch einmal hier auftauchen, lasse ich sie verhaften und einsperren.“ Zweifellos hätte Damiao zu solch einer drastischen Maßnahme gegriffen, zu der er durchaus berechtigt war, da er in seinem Stammesgebiet über eine Art polizeiliches Hoheitsrecht verfügte.

Dagegen war der Gesundheitsdienst der Stadt Canarana bei den Xavantes geschätzt und willkommen. Zu unserer ersten Untersuchungskampagne 2002 war eigens ein Arzt aus Brasilia angereist, Jorge Meirelles, ein Tuberkulosespezialist und guter Freund, der leider vor kurzem verstorben ist. Jorge war unter den Indianern sehr beliebt und sorgte für einen Ansturm von Patienten, so dass wir eine Woche lang zu tun hatten. Wir, dass waren die Kinderärztin Doctora Claudia, die Laborärztin Christina, ein Röntgentechniker, eine Krankenschwester und ich. Um die von Tuberkulosebakterien angegriffenen Lungen der Patienten durchleuchten zu können, hatten wir ein tragbares Röntgengerät organisiert und einen Raum der Dorfschule mit schwarzer Plastikfolie ausgekleidet. In der primitiven Dunkelkammer wurden die Röntgenbilder sofort entwickelt, so dass wir schnelle Diagnosen stellen und gleich mit der Behandlung der Lungenkranken beginnen konnten.

Von den Wünschen, die Häuptling Damiao an mich herantrug, wurde mir die Bitte, beim Kampf gegen die Unterernährung zu helfen, ein drängendes persönliches Anliegen. Für mich gab es nur einen Weg, die Xavantes aus ihrer ständigen Hungersnot herauszuführen, und ich versprach Damiao Hilfe zur Selbsthilfe. Die Lösung schien mir im Landbau zu liegen. Ich lieferte Saatgut, Setzlinge, Dünger und Schutzzäune für Gemüsegärten sowie Hacken, Spaten und Gießkannen zur Bearbeitung der Felder. Für eine künftige Geflügelzucht kaufte ich Hühner, Bretter und Baumaterial für die Ställe. Die Stadtverwaltung von Canarana erklärte sich bereit, einen Fachmann für Landwirtschaft zu finanzieren, um die Indianer anzulernen.

Ich hatte einen Traum

Nach einem halben Jahr machte ich mich erneut auf den weiten Weg zu den Xavantes, um zu schauen, wie es mit der Landwirtschaft und der Hühnerfarm lief. Offen gestanden hatte ich die Befürchtung, dass die Indianer die Hühner nicht als Grundstock für eine blühende Zucht und zur Produktion von Eiern genutzt hatten, sondern womöglich geschlachtet und gegessen hatten. Ein Vertreter der Stadt Canarana, der mich mit seinem eigenen Auto nach Agua Branca begleitete, riet mir dringend, meinen Jeep außerhalb des Reservates an einer Tankstelle zu parken. „Wenn die Indianer sehen, dass zwei Männer zwei Autos besitzen, werden sie uns einen Wagen wegnehmen. Sie glauben, ein Auto für zwei Personen sei immer noch mehr als genug. Und wenn sie erst einmal einen Wagen beschlagnahmt haben, sehen wir den nie wieder."

„Manfredo kommt! Unser Freund Manfredo ist da",

schallte es aus dem Megafon des Häuptlings. Ich fühlte mich ein wenig geschmeichelt, als Damiao den Indianerrat zusammenrief und das ganze Dorf sich versammelte, um mich zu empfangen. Alle kamen, die Männer in voller Bemalung, mit Federschmuck auf dem Kopf und mit Pfeil und Bogen bewaffnet. Ein beeindruckender Anblick. Doch während einer ausgiebigen und förmlichen Begrüßung spürte ich bereits erste misstrauische Blicke aus dem Kreis der Xavantes. Dann stellte ich die Frage nach dem Stand des Farmprojektes.

Einer der Indianer trat hervor und baute sich mit seinen Waffen vor mir auf. Er gestikulierte wild und bedrohlich. Kochend vor Wut und mit bebender Stimme zeigte er mit dem Finger auf mich. Dann hob er zu einer zornigen Rede an, in der Sprache der Xavantes, während der Dorflehrer mir die portugiesische Übersetzung zuflüsterte.

„Ich hatte einen Traum. Ich träumte, überall in unserem Dorf würden Hühner umher rennen. Und in diesem Traum konnte sich jeder im Dorf satt essen. Es waren die Hühner, die du uns versprochen hast! Doch wo sind diese Hühner? Sag es mir!“

Ich antwortete verärgert: „Ich habe euch Hühner gebracht. Viele Hühner. Doch wenn ihr nicht warten könnt, bis sie sich vermehren und sie alle vorher aufesst, dann sind die Hühner weg.“

Häuptling Damiao mischte sich ein: „Manfredo, keine Sorge, alle Hühner sind noch da. Ich habe Posten aufstellen lassen, um die Hühner und die Eier zu bewachen. Nichts kann hier gestohlen werden.“

Dann trat der nächste Krieger hervor. Auch er war wütend und gestikulierte ständig mit dem Finger in meine Richtung.

„Du! Du hast uns den Gemüsegarten gebracht. Und du! Du hast uns die Hühner hierher geschleppt. Das war deine

Idee. Nicht unsere. Jetzt musst du jemanden bezahlen, der in dem Garten arbeitet und der die Hühner züchtet. Wir machen das nicht. Du hast diese ganzen Sachen erfunden. Wir nicht!"

Jeder sah mir an, dass ich stinksauer war, als ich erwiderte: „Ihr seid wohl verrückt! Ich bezahle niemanden. Ich habe euch einen Garten und eine Hühnerzucht besorgt. Aber ihr müsst euch selber darum kümmern. Doch was macht ihr? Ihr macht gar nichts. Ihr hockt den ganzen Tag herum, palavert, dass ihr nichts zu essen habt, während eure Frauen hart arbeiten müssen. Wenn ihr nicht arbeiten wollt, nehme ich die Hühner und die Gartengeräte wieder mit."

Damiao beschwichtigte die Situation, die zu eskalieren drohte. „Nein, nein, Manfredo. Lass alles hier. Wir kriegen das schon hin." Der Häuptling gab sich wirklich alle Mühe, den Konflikt zu entschärfen, so dass ich mich wieder beruhigte.

Was aus dem Projekt wurde? Wenige Monate nach meinem letzten Besuch zog der Indianerstamm in einen Krieg. Die Xavantes hatten sich mit anderen Gruppen aus ihrem Stamm verbündet und Lastwagen organisiert. Dann fuhren sie mit Pfeil, Bogen und Schrotflinten von Agua Branca zurück in das vierhundert Kilometer entfernte Gebiet, aus dem sie einst vertrieben worden waren. Fünfhundert zum Kampf entschlossene Krieger stellten die Xavantes auf die Beine. Als sie ihr ehemaliges Terrain erreichten, stellen sie fest, dass die Gegend bereits von einigen hundert Landlosen besetzt war, die das Land ebenfalls beanspruchten. Da auch die Landarbeiter bewaffnet waren, mussten Bundes- und Landespolizisten eingreifen, um die verfeindeten Gruppen auseinander zu halten und ein Blutbad zu verhindern. Zeitweise sah es so aus, als würden schwere Kämpfe ausbrechen, doch dann einigte man sich auf Verhandlungen, an denen sogar der Vize-Staatspräsident teilnahm.

Wer nun ein Anrecht auf das Gebiet hat, ist bis heute nicht geklärt. Die Xavantes jedenfalls zogen sich wieder nach Agua Branca zurück und warten dort auf eine Entscheidung. Man verhandelt noch und das kann nach meinen Erfahrungen in Brasilien dauern. Unsere Hühner und der Gemüsegarten gerieten über den Landkonflikt in Vergessenheit.

Ein brasilianischer Deutscher

Jedes Jahr zu Weihnachten verschicke ich einen Rundbrief, in dem ich meine deutschen Freunde und Bekannten über die Arbeit in Brasilien informiere. Vor zwanzig Jahren endete dieser Brief mit einem Zitat von Karla Krause, die über ihre Erfahrungen als Entwicklungshelferin in Indonesien schrieb: „Entwicklung kann nicht von Außen verordnet werden, sondern muss aus dem Inneren jeder Gesellschaft kommen. Die Betroffenen müssen die Möglichkeit finden, ihre Bedürfnisse zu erkennen und zu artikulieren. Eine solche Entwicklung ist weniger eine Entwicklung von Sachen als die Entwicklung von Menschen: durch sie selbst und für sie selbst."

Mit diesen Sätzen im Kopf lassen sich die Indianer von Agua Branca ein wenig besser verstehen. Die Xavantes sind keine Bauern, keine Salatpflanzer und keine Hühnerzüchter. Wenn sie sich, wie die Indianer in Dourados, durch den Landbau eine neue Lebensperspektive erschließen wollen, ist es unsere Aufgabe, sie dabei zu unterstützen. Und wenn sie keine Bauern werden wollen, dann wollen sie eben nicht. Dem ist mit Respekt zu begegnen, und nicht mit der Überheblichkeit dessen, der angeblich weiß, was für die Menschen am besten ist.

Über die Hälfte meines Lebens habe ich nun in Brasilien gelebt, doch bin ich ein echter Brasilianer geworden? Als sich während der Fußballweltmeisterschaft im Sommer 2006 in Deutschland ganz Brasilien, zumindest bis zum Ausscheiden von Kaka, Ronaldinho, Ronaldo und Co, in ein Tollhaus verwandelte, wurde ich ständig gefragt: „Manfredo, hältst du zu Deutschland oder zu Brasilien?"

Alle rümpften die Nase, wenn ich wahrheitsgemäß antwortete:

„Ich halte zu Deutschland."

„Aber Manfredo, du bist doch Brasilianer. Du bist doch einer von uns", bekam ich dann zu hören, und ich habe mich gefreut. Genauso, wie ich mich gefreut habe, als man mir die Ehrenbürgerschaft von Mato Grosso antrug. Ein Freund meinte einmal: „Diese Auszeichnung ist mehr wert als alle Diplome und Doktortitel. Sie würdigt, dass es dir gelungen ist, in unsere Haut zu schlüpfen." Ja, ich habe viel von der brasilianischen Mentalität angenommen und mich in dieses Land integriert. Mehr noch: Ich liebe Brasilien von Herzen. Und doch bleibe ich mein Leben lang ein Deutscher und ein Bayer.

Je länger ich in Brasilien lebe, desto mehr fallen mir allerdings die Unterschiede zu meiner alten Heimat auf. Das beginnt schon bei der Begrüßung. Ein kurzer Händedruck, ein knappes Lächeln, vielleicht noch ein Schulterklopfen, viel mehr ist in Deutschland nicht drin. Dagegen die Umarmungen, das Lachen, die überschäumende Freude in Brasilien, die keineswegs gespielt ist, sondern von Herzen kommt.

„Tut mir leid, aber momentan habe ich wirklich keine Zeit", wie oft hört man in Deutschland diesen Satz. Und das Schlimme ist, er ist wahrscheinlich nicht einmal gelogen. Die Leute haben wirklich wenig Zeit, weil sie mit ihren Angelegenheiten und Beschäftigungen überladen sind. Natürlich ist schon genügend Zeit vorhanden, nur nicht für den Anderen, für die Mitmenschen. Und hier? Man lässt alles stehen und liegen, wenn ein Gast kommt, tischt auf, bewirtet, redet und ist für den Anderen da. Wenn Marisa und ich Besuch aus Deutschland bekommen, ist es gerade das menschliche, das freundlich gewogene Miteinander, was die Gäste an Brasilien beeindruckt. Während die Brasilianer an Deutschland saubere Straßen schätzen, auf denen man sich nachts bewegen kann, ohne gleich einen Revolver vor der Nase fürchten zu müssen, erleben die deutschen Besucher in Brasilien eine ganz andere Art von Freiheit. Sie alle machen die Erfahrung, wie schnell ihre schwerwiegenden, drängenden und unaufschiebbaren Probleme hier zu Nichtigkeiten werden. Geistige Enge, kleinkarierte Paragraphen, Gesetze und Verordnungen, die das Leben reglementieren, sind Brasilianern fremd. Stattdessen schätzen sie Toleranz und Nachsicht, Herzlichkeit und Gastfreundschaft. „Man sollte die Deutschen alle für ein paar Jahre nach Brasilien schicken, um das Leben zu lernen", schrieb ein Soziologe. Da ist was dran.

Brasilien ist ein Schwellenland, ein Land im Aufbruch. Während Deutschland langsam, aber sicher zu vergreisen droht, blüht Brasilien vor jungen Menschen, die gewillt sind, etwas aufzubauen. Für mich ist es ein Glück, dass ich an diesem Aufbau mitarbeiten konnte und kann. Menschen in den reichen Industrieländern kommen sich dagegen oft nur wie eine namenlose Nummer und ein austauschbares Rädchen im Getriebe vor, anstatt sich gebraucht und geschätzt zu fühlen.

Fraglos prallen in Brasilien der Reichtum der Ersten und die Armut der Dritten Welt hart aufeinander. Doch es gibt verschiedene Arten der Armut. Als Jesus in der Bergpredigt die Armen selig pries, da meinte er gewiss nicht das materielle

Elend, den Hunger, die Krankheit und die Arbeitslosigkeit. Die Armut selig zu preisen, heißt nicht, die landlosen Bauernfamilien, die leprakranken Farmarbeiter, die unterernährten Indianerkinder oder die Drogensüchtigen in den Favelas ihrem Schicksal zu überlassen. Gerade um diese himmelschreiende Armut zu bekämpfen, müssen die Herzen der Menschen arm werden, arm an Ichsucht, Geiz, Neid, Habsucht, Stolz und Wichtigtuerei. Wer in diesem Sinne arm ist, der schafft in seinem Herzen Platz für Liebe, Demut, Geduld, Bescheidenheit und Hilfsbereitschaft. Das ist der wahre Reichtum, der den Frieden in die Herzen bringt. Und diese Herzen können selber Frieden spenden, können die Not anderer sehen und wirklich helfen. Oder wie Raoul Follereau, der Apostel der Leprakranken, sagte:

„Liebe ist die einzige Wahrheit. Alles was ohne Ideale verwirklicht wird, ist früher oder später zum Verfall verurteilt."